# ふだん使いの言語学

「ことばの基礎力」を鍛えるヒント

川添 愛

新潮選書

# まえがき

言語学者が「言語学をやっています」と自己紹介したとき、専門外の人たちに真っ先に言われがちなことを、勝手にランキングしてみた。

第一位　何カ国語話せるんですか？
第二位　「〇〇（なんらかの語彙）」の語源って何ですか？
第三位　〇〇語の起源はどこなんですか？
第四位　言葉の使い方がお上手なんでしょうね。
第五位　言語学って何の役に立つんですか？

これらはすべて、私や知り合いの言語学者が実際に言われたことのあることだ。統計を取ったわけではないのでランキングそのものに意味はないが、おおよそ現状を反映しているのではないかと思う。

第一位から第三位に見られるように、言語学者は世間から「外国語をたくさん話せる」あるいは「言葉の歴史にくわしい」というイメージを持たれることが非常に多い。冒険物語やSFなんかに出てくる言語学者もたいていこの手の人たちで、遺跡で発見された古文書の解読や、宇宙人の言葉の調査が主な見せ場だったりする。外国語ではなく自分の母語を対象とし、なおかつ昔の言葉ではなく今の言葉を研究するような言語学者は、冒険ものやSFに登場することはないだろうし、たとえ登場したとしても華々しく活躍することはないだろう。

私が大学・大学院で学んできたのは、まさにその「冒険ものやSFに出ない方の言語学」である。言語学の道に進んで以来、先の第一位〜第三位のような質問をされるたびに「いや、私が研究しているのは外国語でも昔の言語でもなくて、今の日本語なんです」と説明する羽目に陥る。すると次の反応としては、たいてい第四位の「じゃあ、言葉の使い方がお上手なんでしょうね」が来る。これとセットで、「最近の若者は、敬語の使い方がおかしいですよね？」「○○のような言い方って、日本語として間違っていますよね？」のように、言葉に関する愚痴を聞かされることも多い。つまり「今の日本語を研究している」と言うと、「正しい日本語が分かっている」とか、「正しい言葉遣いを研究している」と思われるようなのだ。そういう人たちの前で私がもし「ら抜き言葉」を使ったり、「全然オッケーです」とか言ったりしたらどうなるのだろうと、いつも戦々恐々とする。

改めて言うが、私が学んできたのは、自分の母語である現代日本語を対象とする言語学である。そしてそれは、「正しい日本語を研究する」というのとは異なる。言語学の内部での分類で言えば、私の分野は「理論言語学」というものにあたる。理論言語学は原則として「自然現象としての言葉」を対象とする。人間が話す言葉は、プログラミング言語などの人工言語と区別して「自然言語」と呼ばれるが、この言葉に端的に表されているように、言語は基本的に自然現象である。つまり人間の言語は、誰か偉い人が「人間はみな、こんなふうに話して、こんなふうに言葉を理解しなければならない」と取り決めたものではなく、どういう経緯かは分からないものの、大昔に自然発生し、それが変化を繰り返してたまたま今のような形になったものだ。理論言語学の目的は、そういう「自然現象としての言葉の仕組み」を明らかにすることだ。

ただし、この本は理論言語学の入門書ではない[1]。また、この本の目的は、これまでに研究されてきた言語関連の現象を広く紹介することでもなければ、さまざまな言語理論をくわしく解説することでもない。

では、この本ではいったい何をするのか？　この本ではむしろ、先の第五位の「言語学って何の役に立つんですか？」という疑問に取り組んでみたいと思っている。とは言っても、評論家のように「言語学の社会的な意義というのはねえキミ……」などと論じるのではなく、また商人《あきんど》の顔でそろばんを叩きながら「言語学ってこんなに儲かるんでっせ！」と経済効果を喧伝するのでもなく、あくまで理論言語学を学んだ個人として、それを学んだことが自分の人生にどう役に立ったかを考え、その利益の一部を読者の皆さんが手軽に得られるような内容にするつもりだ。

なぜそのようなことをするかというと、自分が理論言語学を学んだ過程の中に、そこそこ大勢の人々の助けになるような何かがある、と確信しているからだ。言うまでもなく、理論言語学を知らなかったからといって生きていくのに困るわけではない。私自身も、便宜上「言語学者」という肩書きを名乗ってはいるが、まともな言語学者のキャリアパスからはドロップアウトした人間であり、現在は言語学で飯を食っているわけではない。しかし、言語学者になるために受けたトレーニングの中には、一般的な「言葉の使い方」についての示唆が豊富にあった。それは簡潔に言えば「自分の言葉をどう見つめるか」ということなのだが、私にとっては「第二の義務教育」にも匹敵するような大きな学びだった。その経験から考えると、私と同じく、言葉を上手く操れない人、クリアにものを考えられない人にとって、理論言語学に触れることはなんらかのプラスになるのではないか、と思うのだ。

よってこの本では、理論言語学やその周辺分野の中から比較的取っつきやすく、それなりに多くの人の日常に関係のありそうな項目だけを「いいとこ取り」してご提供したいと考えている。この本に書いてあることだけ学んでも言語学者にはなれないが、言語学を学ぶことで得られる「ことばの体力」のようなものが、ほんのちょっとだけ身に付くと考えていただけるといい。ある意味、ボクサーになるつもりのない人に、体力作りやダイエットのためにボクシングのトレーニングを提供するのと似ている。

本文に入る前に、この本の構成を紹介しよう。

第一章と第二章では、理論言語学の対象である「私たちの言葉の知識」を、日常的な事例とともに紹介していく。私たち人間の持つ言語の知識の大部分は無意識のもので、しかも母語に関する知識はいったいいつどこで、どのように学んだのか明らかでないものがほとんどである。そういったものを意識することは理論言語学の出発点だが、言語学者ではない人々にとっても日常の言葉を見直すきっかけになるはずだ。第一章では意味、第二章では文法について見ていく。第三章でご紹介するのは「ざっくりとした言葉の分析の仕方」である。第一章や第二章で紹介したような事例を深掘りする際に、言語学でよく使われる方法について解説する。この章で解説する方法は万能なものではないが、多くの方にとって、普段なにげなく使っている言葉をよりくわしく、より面白く観察するのに役立つのではないかと思っている。

最終章である第四章では、ふたたび日常へ目を向け、言葉が問題になるようなさまざまな場面への応用を考えていく。日常の問題は、雑多な要因が絡み合った複雑なものだ。そんな中で、理論言語学の知見がどれほど使えるのか、またどのように使えるのかを、私見も交えながら考えていきたい。

以上の構成からおおよそお分かりいただけると思うが、この本は「この言葉はこんなふうに使わなければならない」という決まりを集めたものではない。言語感覚には個人差もあり、また細かい言い回しは時代によって変わっていくので、何らかの決まりに従ったところで、それが万人から「良い」と受け止められるわけでもない。

むしろ重要なのは、自分の中の「無意識の知識」を意識し、その中にみられる傾向や法則性をつかむことだ。そうすることで、「他人が自分の言葉をこのように解釈するかもしれない」とか、「自分のこの言い方は不自然に聞こえるかもしれない」などといったことに気づく機会が増える。そうなれば、別の言い方を考えたり、用例を調べたり、他人の意見を参考にしたりする機会も増え、状況に合った「最適解」が見つかる可能性が高くなる。私は、そういったことの繰り返しが

「ことばの基礎力を鍛える」ことにつながると考えているし、理論言語学にはそのためのヒントが豊富に詰まっていると確信している。

人によっては、興味のあるところから読み始めたいという方もいらっしゃると思うが、各章の内容はそれより前の内容を踏まえているので、できれば第一章から順番に読んでいただければ幸いである。もちろん、よく分からないところは読み飛ばしていただいて、後から戻ってくるというのもOKだ。

なお、用語の使い方について最初にお断りしておきたいことがある。本書では説明の都合上、多くの用語を厳密に定義せずに使う。たとえば「主語」という用語の定義をめぐっては研究者によってさまざまな考え方があるが、この本での「主語」は「何が（は）どうした」「何が（は）何をどうした」「何が（は）どうだ」のような文の「何が（は）」に当たる部分のことだというふうに大ざっぱに理解していただきたい。「目的語」についても、とりあえず「何が何をどうした」という文の「何を」に当たる部分とし、「述語」については「どうした」に当たる部分としておく。「どうした」の部分に複数の単語が連なる場合は「述部」とする言い方もあるが、ここでは説明を簡単にするために「述語」で統一する。その他の用語については本文中で説明する。

本書の内容が、皆さんと「ことば」との新たな出会いにつながることを願っている。

ふだん使いの言語学　「ことばの基礎力」を鍛えるヒント　目次

# ふだん使いの言語学

「ことばの基礎力」を鍛えるヒント

# 第一章　無意識の知識を眺める：意味編

多くの人々にとって、言語学は「言葉に関する学問」として一括りにされていると思うが、その中身は多くの分野に分かれている。分野の大きな分かれ目の一つは、言葉のどういう側面を研究の対象にするか、ということだ。私が学んできた理論言語学は、「私たちの頭の中にある、言語に関する知識」（以下、言語知識と呼ぶ）を研究対象としている。理論言語学の出発点はある意味、人間の持つ言語知識の豊富さに対する「驚き」であると言っても過言ではないだろう。

実のところ、私たちは自分の母語について、習ってもいないことを非常に多く知っている。上司から「敬語がなっとらん！」と言われてキレかけている新入社員も、現代文の点数がふるわない受験生も、「やだ、あたし、人前でお話とかできないわよ！　もう、全然よ、ぜ〜んぜん！」と謙遜している奥さんも、母語については知りすぎるほど知っており、その上、母語の知識を一般常識や文脈などと組み合わせて巧みに運用し、見聞きする言葉をほぼ瞬時に理解している。そもそも私たちが普段、言葉で普通にコミュニケーションできていること自体、相当すごいことなのだ。

ただし、多くの人々にとって自分の言語知識とそれを運用する能力は、コミュニケーションがうまくいっているかぎり、ほとんど意識に上ってこない。たとえるならば、歩いたり走ったりするときに、自分が筋肉をどう動かしているかをめったに意識しないのと同じだ。

しかしながら、私たちが自らの言語知識をまったく意識せずに済ますことができるかというと、必ずしもそうとは限らない。私たちのコミュニケーションはたびたび失敗するし、何かのはずみでおかしな文を口走ってしまうこともある。そういった問題に対処しようとするときには、多かれ少なかれ、自分の無意識を探り、隠れた知識を意識的に眺めてみる必要が出てくる。

無意識の知識を意識するためには、言葉に関する失敗例を観察する経験を重ねることと、それらの原因を知っておくことが役に立つ。以下、第一章と第二章では、皆さんに時々簡単な問いを投げかけていきながら、ご一緒に無意識の知識を眺めてみたい。

## 「良い宿がいっぱい」——語句の多義性

日本語の辞書を眺めていると、知らない言葉の多さに愕然とすることがある。きっと皆様にも同じような経験がおありだろう。しかし辞書というのはあくまで、私たちの頭の中にある語彙の知識を書き出したものであって、誰か偉い人が「これが日本語の語彙だ！ さあ、みんな覚えろ！ そして、ここに書かれているとおりに使え！」と押しつけてくるものではない。また日本語を母語とする人は、多少の個人差はあれ、日本語の単語や慣用句の知識を豊富に持っている。つまり、私たちの頭の中にも分厚い「辞書」が存在するのだ。しかも、その辞書の知識を文脈に合わせてうまく利用している。

そういった「うまい利用」の一つに、「多義性への対処」がある。辞書を見れば一目瞭然だが、ほとんどの単語には複数の意味（語義）がある。単語が複数の語義を持つことを、「多義である」とか「多義性を持つ」などと言う。ほとんどの単語は多義であるがゆえに曖昧であり、それらの単語を含む句や文も結果的に曖昧になる。しかし、私たちは普段そういった曖昧さにあまり煩わされることはない。それはなぜかというと、他人が曖昧な言葉を口にしたとき、私たちは頭の中の辞書を参照しつつ、その場の文脈やら一般常識などを考慮し、相手が意図した語義を適切に選び取っているからだ。

しかしながら、ときにはこういった推測がうまくいかず、誤解が生じることがある。次の問題を考えていただきたい。

**【問題】** カフェで、友人同士のAさんとBさんが話している。Aさんが Bさんに、最近行った海外旅行の話をしている。

Aさん「で、バリ島着いたら、もう、良い宿がいっぱいでさ～」
Bさん「へー。やっぱり観光客が多いところって、そうなんだね」
Aさん「そうそう。それで、困っちゃってさ～」
Bさん「うん、分かるよ。選択肢が多いと、逆に迷うよね～」
Aさん「えっ？　選択肢が多いって、どういうこと？」

Bさん「え？　私、何か変なこと言ったっけ？」
Aさん「うん。私、宿の選択肢がなかったって言ってるんだけど」
Bさん「？・？・？」

このように、AさんとBさんは会話の途中でお互いに「何か変だ、会話が嚙み合っていない」ということに気がついた。会話が嚙み合わない原因は、Aさんが発した「良い宿がいっぱいでさ〜」という言葉の意図を、Bさんが正しく汲み取れなかったことにある。AさんとBさんの間には、どのような誤解があったのだろうか？

これは簡単なので、すぐにお分かりだろう。Aさんの発言の「良い宿がいっぱい」の曖昧さが誤解の原因だ。聞き手のBさんはこれを「良い宿がたくさんある」と解釈したが、話し手のAさんは「良い宿が満室だった」というつもりで言った。つまり「〜がいっぱい」という単語に「〜の数が多い」と「〜の中身が満たされている」という二つの異なる語義があることが、誤解の要因の一つだ。

ただし誤解の要因はこれだけでなく、もう一つある。それは、聞き手であるBさんが「〜がいっぱい」の語義を適切に選ぶための手がかりが十分になかったことだ。この例のように、会話の文脈の中で語義を選ぶための手がかりが不足している場合、私たちは相手の言いたいことを正しく読み取れないことがある。

相手の意図した語義を推測するための手がかりには、さまざまなものがある。もっとも重要なのは、いわゆる一般常識だ。たとえば、ある程度の年齢に達した日本語話者は、「食う」という言葉には少なくとも「食べ物を食べる」と「消費する」という二つの語義があることを知っている。そして、「パンを食う」なら前者の語義で解釈し、「ガソリンを食う」なら後者で解釈し、ほとんど間違えることがない。この場合の語義の選択には、「パンは食べ物だが、ガソリンはそうではない」という一般常識が働いている。

また、言葉を目にする場所や状況についての知識も重要な手がかりとなることが多い。たとえば「キロ」という言葉は、そのままでは「キロメートル」(距離)なのか「キログラム」(重量)なのか「キロメートル／時間」(速度)なのか「キロワット」(電力)なのか、あるいは他の単位なのか分からない。しかし、「100キロ制限」という表示がエレベーターのそばにあったら間違いなく「重量」だし、高速道路なんかにそう書いてあれば「速度」だ。そういったことを私たちは即座に、かつほぼ無意識に判断する。つまりこの言葉を見かける場所(エレベーターか、高速道路か)と、その場所の機能(「重いものを上下に移動させる機械」か、「車が高速で走る道」か)についての知識が、言葉の裏にある意図を私たちに推測させるのだ。

また、「音声」の役割も大きい。私たちは自分たちが意識している以上に、音声に頼ったコミュニケーションをしている。それゆえに、音声の情報が欠けた文字だけの会話では誤解が生じることがある。次の例を見ていただきたい。

【問題】Aさんと Bさんが、とあるSNSを通じて、文字で次のような会話をした。

Aさん：今日の試合、私、思うように動けなくてごめんね。今日は負けちゃったけど、次は勝てるように、またチームのみんなで頑張ろうね。

Bさん：何言ってるの。今日はあなたのせいで負けたんじゃない。

この会話におけるBさんの「今日はあなたのせいで負けたんじゃない」という発言は曖昧で、少なくとも二通りの解釈がある。それらはどんな解釈だろうか？

この会話におけるBさんの言葉の曖昧さは、「じゃない」という言葉の多義性に由来する。「じゃない」には少なくとも、否定（「ではない」と同じ意味）と事実確認（「だよ」や「でしょう?」に近い意味）の二つの意味があり、私たちはその知識を頭の中に持っている。

たとえばお酒だろうと思って飲んだものが実は水だったとき、「これ、お酒じゃない！」と言えば、この「じゃない」は否定の「じゃない」だ。同じ状況で「これ、お水じゃない！」と言えば、それは事実確認の「じゃない」だ。

実際に口に出して言ってみていただければお分かりになると思うが、これら二つの「じゃない」は発音が異なる。音の高さが急激に下がる部分を「↓」で示すと、二つの「じゃない」の発音の違いは次のように表される。

否定の「じゃな↓い」＝「ではない」
例：（お酒だろうと思っていたものが水だったときの）「これ、お酒じゃな↓い！」

事実確認の「じゃ↓ない」≒「だよ」「でしょう？」
例：（お酒だろうと思っていたものが水だったときの）「これ、お水じゃ↓ない！」

こういった発音の違いのおかげで、音声で聞くかぎりでは「じゃない」に曖昧さは生じない。しかし、文字のみのコミュニケーションでは発音の違いが分からないので、Bさんの発言には曖昧さが残ってしまう[2]。もしBさんの言う「あなたのせいで負けたんじゃない」の「じゃない」が否定のそれであれば、Bさんの意図は「今日はあなたのせいで負けたわけではないよ（だから、責任を感じる必要はないよ）」である。つまりBさんは、Aさんの自責の念を軽くしてあげようとしていることになる。他方、もしBさんの「じゃない」が事実確認のそれであれば、Bさんは「今日はあなたのせいで負けたのよ（だからあんたは『またみんなで頑張ろうね』とか言える立場じゃないだろフザケンナ）」と言っており、Aさんの傷口に塩をすり込んでいることになる。

もし、BさんがAさんを慰めるつもりで「あなたのせいで負けたんじゃない」と言ったのに、Aさんが「Bさんに責められている」と解釈したら悲惨だ。こういう危うい「じゃない」はSNSなどで頻繁に見られるので、注意が必要である。

## 「虎を捕まえてみよ」――言葉の不明確性

先に挙げた単語の多義性は、一つの単語が複数の異なる語義を持つ例だった。このような例を含め、一つの言語表現（単語、および単語が連なってできる句や文）が複数の異なる意味を持つために生じる曖昧さを、言語学の用語で「曖昧性（ambiguity）」と呼ぶ。「曖昧さ」と「曖昧性」ってほぼ同じじゃないの？　と思われるだろうが、前者が「理由はどうあれ、とにかく意味が定まらずはっきりしないこと」全般を表す言葉であるのに対して、後者は「一つの言語表現が、明確に異なる複数の意味を持つこと」を表す専門用語だ。

言葉の曖昧さにはこれとは別に、「不明確性（vagueness）」と呼ばれるものもある。不明確性は曖昧性とは異なり、「意味が抽象的であるせいで、具体的に解釈しようとするとさまざまな可能性が出てくる」というものだ。以下に例を挙げよう。

（1）小さい子供を持つ親御さんの話

「うちの子、最近お手伝いに目覚めちゃって、何かにつけてお手伝いさせてって言うんだよね。それで『じゃあ、扇風機を回してね』って言ったの。そしたら、扇風機の本体を手でぐるぐる回し始めたんだよ」

（2）料理に慣れていない友人

「この前、友達と一緒にカレーを作ったんだよね。友達の一人に『ジャガイモを切っといて』って頼んだら、四人分のカレーなのにでっかいジャガイモを五つも剝くわ、ジャガイモの芽は取らないわ、その上切り方が小さすぎて煮込むと溶けるわで、大変だったよ」

（3）とある「お殿様」が語る話

「こないだ さあ、とんちが得意だっていう生意気な小坊主がいたんで、一杯食わしてやろうと思ってさ、虎が描かれた屛風を見せて『この屛風の中の虎を捕まえてみよ』って言ってみたのよ。そしたらそいつ、『ではお殿様が屛風から虎を出してください』なんて言うんだよね。一本取られちゃったなあ」

これらはいずれも、単語の意味の不明確性が悪さをしている例だ。たとえば（1）の「扇風機を回して」に含まれている「回す」という言葉は、具体的な動作を表しているように見えて、実はかなり抽象的だ。何か物体を「回す」にしても、人手で回すか、あるいは人手ではなく電気を使って回すかで異なる。また、どこを回転軸として回すかも、回すものや状況によって異なる。たとえばバトントワリングのバトンを回すのと、バーベキューや焼き鳥を焼く際に串を回すのと、皿回しを披露するのとでは、それぞれに回し方が変わってくる。

（2）の「ジャガイモを切る」の例は、どんなジャガイモをいくつ切るのか、どんな大きさと形に切るのか、また「切ること」に伴って必要となる行為（ジャガイモの芽を取るなど）があるかどうかについて不明確性がある。切る量と切り方は料理の種類と分量によって変わるし、また「ジャガイモを切っといて」という指示に通常「ジャガイモの芽を取ること」が含まれていることは、料理についてある程度くわしい人にとっては常識だが、めったに料理をしない人にとってはそうではないだろう。つまり「ジャガイモを切っといて」という指示はかなり抽象的であり、これが正しく伝わるには、話し手と聞き手の間で料理についての共通の認識がなければならない。

お気付きの方も多いと思うが、（3）の「お殿様」は、一休さんのとんち話に登場するお殿様だ。一休さんは、「屛風の中の虎を捕まえてみよ」という無理難題を押しつけてくるお殿様にギャフンと言わせるために、「捕まえる」という動詞の不明確性を利用した。お殿様は自分が口にした「虎を捕まえてみよ」という命令で、「屛風から虎を出して、虎を捕まえられる状態にする」ことと、「虎を捕まえる」ことをセットにして命じたつもりだった。それに対して一休さんは、「虎を捕まえる」という言葉には「屛風から虎を出して、虎を捕まえられる状態にする」という行為が必ずしも含まれない、ということを示したわけだ。

このように、言葉の意味はかなり抽象的である場合があり、私たちはそれをその場その場に合わせて具体的に解釈している。ただし、自分と相手との間で知識や価値観、経験、文化的背景などが十分に共有されていない場合は、思いがけない誤解が生じることがある。

## 「ヒゲの独裁者」って誰？——一般名詞が招く誤解

「花」「太郎」「家」のような単語は、文法においては名詞に分類される（品詞の分類については、

第二章でくわしく説明する）。またこれらの名詞は、「赤い花」「弟の太郎」「私が住んでいる家」のように、修飾語を伴って現れることがある。このように、名詞に修飾語などが付いたものを「名詞句」と呼ぶ[3]。

他人の言うことを理解するためには、名詞や名詞句が個々の文脈で何を表しているのかを見極める必要があるが、それらの解釈は私たちが思っている以上に曖昧だ。そのことを表す例として、米原万里『必笑小咄のテクニック』に挙げられた次の小咄を紹介したい。これは、スターリン時代の旧ソビエトで作られたものだ。


「ヒゲの独裁者は馬鹿だ！」と発言した男がたちまち捕らえられ、裁判にかけられた。判事が尋ねる。

「被告がそう発言したのは、間違いないのだね」

「はい、その通りです」

「言語道断だ！　十年の禁固および十五年の強制労働刑を言い渡す」

「ちょっと待ってください。私がヒゲの独裁者と言ったのは、もちろん、ヒットラーのことに決まってるじゃないですか」

「ふん、それなら君は即刻釈放だ」

「ありがとうございます……ところで、判事閣下は、誰のことと思われたのですか？」

こういう小咄をスターリンの恐怖政治下で創ってしまうロシア人は、やはり偉大である。
（出典：米原万里『必笑小咄のテクニック』集英社新書、p. 151）

この小咄において問題になるのは、「ヒゲの独裁者」という名詞句が誰を指しているかということだ。

「ヒットラー」「スターリン」のように、特定の個人を指し示す名詞を「固有名詞」と呼ぶ。これに対して、「独裁者」のように人間の属性や特徴を表す名詞は「一般名詞」と呼ばれる。「ヒゲの独裁者」は、「独裁者」という一般名詞に「ヒゲの」という修飾語が付いた「一般名詞句」だ[4]。

「独裁者」のような一般名詞や「ヒゲの独裁者」のような一般名詞句が何を指すかは、文脈によって変わる。よって、「ヒゲの独裁者」という言葉が使われた場合、聞き手はそれが誰のことを指しているのか推測しなくてはならない。

正しい推測をするための手がかりが不足している場合、聞き手の思い込みが解釈に影響することがある。先の小咄の判事は、「ヒゲの独裁者は馬鹿だ」という発言をスターリンのことだと解釈してしまった。このことによって、判事が持っている危険な思い込み（つまり、「馬鹿だって言われるような独裁者と言えば、スターリンに違いない」という思い）が露呈したわけだ。

一般名詞（句）が関わる誤解には次のようなパターンもある。いわゆる「主語が大きい」と呼ばれる現象にも関連する例だ。

とある会社の採用面接を、Ａ大学の学生が数人、Ｂ大学の学生が一人受けた。Ａ大学の学生たちはみな礼儀正しく、質問にハキハキと答えて無難に面接をこなしたが、Ｂ大学の学生は明らかに二日酔いの状態で面接に現れ、椅子に座るなり居眠りを始め、面接官が起こそうとして声をかけると寝ぼけて「終わりっすか？」などと口走った。その上質問にもろくに答えられず、分からないことを尋ねられると逆ギレする始末。結局、面接後の会議でも「あの学生は当社に不向きだ」ということで意見が一致し、面接官たちは次のように結論した。

「では、Ｂ大生は採用しないことにしましょう」

その言葉を、たまたま会議室の近くを通りかかった取引先の社員が聞いていた。彼はＢ大学出身。そして憤る。「この会社は、就活生を出身大学で差別している。なんてひどい会社だ！」

この誤解の原因は、一般名詞「Ｂ大生」の曖昧性にある。面接官たちは「Ｂ大生」という言葉を、面接で態度の悪かった特定の学生を指すために使った。しかし、それを聞いた取引先の社員は、「Ｂ大生全員」というふうに解釈してしまった。つまり、「Ｂ大生は採用しないことにしましょう」という面接官たちの言葉を、「Ｂ大生は一人も採用しない」と理解してしまったのだ。一般名詞（句）にはこのように、「一般名詞（句）が表す属性を持つものすべて」を意味する場合もある。

俗に「主語が大きい」と揶揄される文というのは、一般名詞（句）が「その属性を持つものすべて」のように解釈され、なおかつそのような解釈が現状から見て「言い過ぎ」であるような文だ。たとえば「言語学者は攻撃的だ」という文は、「言語学者はみな攻撃的だ」のように解釈することが可能だが、その解釈が真実ではない場合——つまり、言語学者の中にも攻撃的でない人がいることが明らかな場合、「主語が大きい」と言われてしまう。実際、そのようなことを言われた言語学者は、そう発言した人を「何を？　失礼な！」と激しく攻撃するに違いない（↑これ自体、主語が大きい文である）。

このケースにおいては、面接官たちが態度の悪い学生を指し示す際に「あの学生」のように表現したり、あるいはその学生の名前を使ったりすれば誤解は生じなかった。しかし「B大生」のような一般名詞、つまりその他大勢の人々にも共通する属性を表す言葉を使ったせいで、取引先の社員からあらぬ誤解を受けることとなった。

一般名詞（句）の解釈の手がかりはたいてい文脈の中にあるので、文脈から切り取られた断片的な発言では、話し手がどのような解釈を意図しているのかが分からないことが多い。一般名詞（句）には、ここで挙げた以外にも多くの解釈がある。くわしくは第三章で見る。

## 「あなたのように写真が上手ではない人」——否定の影響範囲

「ない」という否定の言葉が曖昧性を生み出すケースも多い。次の問題を考えてみていただきたい。

【問題】Aさんは、とあるSNSで、一度も会ったことも話したこともないBさんという人をフォローしている。Bさんは写真を撮るのが上手く、AさんはBさんがSNSにアップする写真をとても気に入っている。Aさん自身も写真を撮るのだが、なかなかBさんのような素敵な写真を撮れずにいる。
ある日、Aさんは思い切って、Bさんに次のようなメッセージを送ってみた。

Aさん：あなたのように写真が上手ではない人は、どうすればいい写真が撮れるようになるんですかね？

すると、Bさんは気分を害してしまった。なぜだろうか？

Bさんが気分を害してしまった原因は、Aさんの言葉の曖昧さにある。Aさんは、Bさんのことを「写真が上手い」と褒め、自分は写真が上手ではないので、どうすればいい写真が撮れるか知りたい、と言ったつもりだった。しかしAさんの発言は、Bさんに「あなたは写真が下手だ」と言っているようにも読めてしまう。つまり「あなたのように写真が下手な人は、どうすればいい写真が撮れるようになるんですかね?」と、嫌味を言っているようにも取れるのだ。

この曖昧性には、「ない」の影響範囲が関わっている。「ない」という言葉が文中のどこからどこまでを否定するのかによって、意味が変わってくるのである。「ない」の影響範囲を［　］で表すと、Aさんの意図した解釈と、Bさんが受け取った解釈には次のような違いがある。

［あなたのように写真が上手］ではない人　→あなたのように写真が上手な人とは違って、写真が下手な人（Aさんが意図した解釈）

あなたのように［写真が上手］ではない人　→写真が上手ではない、あなたのような人（Bさんが受け取った解釈）

つまり、「ない」の影響範囲が「あなたのように写真が上手」の全体にまで及んでいるか、「写真が上手」だけにとどまっているかによって、まったく逆の解釈になる。もしAさんとBさんが普段からお互いのことをよく知っており、Bさんが「Aさんは私の写真を気に入っている」と認識していれば、正しい解釈を選ぶことができただろう。しかし、見知らぬ人からいきなりこんなことを言われたら、褒められているのか、けなされているのか分からないのだ。

こんなふうに、否定の言葉が文中にあるときは、その影響範囲をどこからどこまでとみなすかによって解釈が変わってくる。ただし多くの場合、私たちは常識や文脈を使って「ありえない解釈」を排除し、上手に解釈を選び取っている。たとえば、次の二つの文をみていただきたい。

お医者さんのアドバイスその1
胃腸を休ませるために、これから数日は、空腹になるまで食べないようにしてくださいね。

お医者さんのアドバイスその2
胃腸を休ませるために、これから数日は、満腹になるまで食べないようにしてくださいね。

この二つはどちらも、食べ過ぎで胃腸の弱った患者さんに対するお医者さんのアドバイスとして、何の問題もない文だ。また一見したところ、この二つの間には、傍線部の最初の言葉が「空腹」か「満腹」かという違いしかない。しかし実際は、それ以上の違いがある。それを見極めるには、片方を別の言い方に変えてみて、もう片方にも同じ言い換えができるかを試してみると分かりやすい。まず、一つ目の文の傍線部「空腹になるまで食べないようにしてくださいね」を、別の言い方に変えてみよう。おそらく、次のような言い換えを思いつく人が多いのではないだろうか。

空腹になってから食べるようにしてくださいね。
空腹になっていない状態で食べたらダメですよ。

食べ始めるのは、完全に空腹になった後にしましょうね。

その上で、これらの中の「空腹」を「満腹」に変えると、次のような奇妙な文ができてしまう。

満腹になってから食べるようにしてくださいね。
満腹になっていない状態で食べたらダメですよ。
食べ始めるのは、完全に満腹になった後にしましょうね。

右のように「満腹になった後で食べ始める」ということは常識的に不可能だ。つまりこれは明らかに、二文目の「満腹になるまで食べないようにしてくださいね」の意味ではない。
今度は、「満腹になるまで食べないようにしてくださいね」の方を、別の言い方に変えてみよう。すると、次のようになるはずだ。

満腹になる前に、食べるのをやめてくださいね。
満腹になるまで食べ続けたらダメですよ。
食事の量は、満腹になる手前の、腹八分目にしておきましょう。

今度は、これらの「言い換え」の中の「満腹」を「空腹」に変えてみよう。すると、これまた奇妙な文が出来上がる。

空腹になる前に、食べるのをやめてくださいね。
空腹になるまで食べ続けたらダメですよ。
食事の量は、空腹になる手前の、腹八分目にしておきましょう。

これは明らかに、一文目の「空腹になるまで食べないようにしてくださいね」の意味ではない。常識的に考えて「空腹になるまで食べ続ける」ことはできないからだ。
これらの観察から、お医者さんの二つのアドバイスの違いは、単なる「空腹」と「満腹」という一語の違いではない、ということが明確になったはずだ。ではいったい何が違うかというと、「ない」の影響範囲が違うのである。「ない」の影響範囲を［　］で表すと、それぞれの文でお医者さんが意図した解釈は次のようになる。

空腹になるまで［食べ］ないようにしてくださいね　→「『食べる』ということをしないでくださいね、空腹になるまでは」　→「空腹になった後で食べるようにしてくださいね」
［満腹になるまで食べ］ないようにしてくださいね　→「『満腹になるまで食べる』ということをしないでくださいね」　→「満腹になる前に、食べるのをやめてくださいね」

つまり「空腹になるまで食べないでくださいね」では、「ない」の影響範囲は「食べ（る）」のみで、「空腹になるまで」を含んでいない。そのため、「『食べる』ということをしてはいけない、空腹になるまでは（＝空腹になるまで、食べ始めてはいけない）」という意味になる。他方、「満腹になるまで食べないでくださいね」では、「ない」が「満腹になるまで食べ（る）」全体に影響しているため、「『満腹になるまで食べる』ということをしてはいけない（＝満腹になる前に食べるのをやめろ）」という解釈が出てくる。

ちなみに、「空腹になるまで食べないでくださいね」にも、「ない」が「空腹になるまで食べ（る）」全体に影響する解釈があるし、「満腹になるまで食べないでくださいね」の方にも「ない」が「食べ（る）」にのみ影響する解釈が存在する。ただしこれらの解釈から出てくるのは、「空腹になる前に食べ終わる」とか「満腹になった後で食べ始める」などという、常識的に不可能な解釈だ。それゆえに、私たちは無意識にこれらの解釈を排除している。

［空腹になるまで食べ］ないようにしてくださいね　↓「『空腹になるまで食べる』ということをしないでくださいね」↓「空腹になる前に、食べるのをやめてくださいね」（ありえない解釈）

満腹になるまで［食べ］ないようにしてくださいね　↓「『食べる』ということをしないで

くださいね、満腹になるまでは」→「満腹になった後で食べるようにしてくださいね」（ありえない解釈）

これらは、「ない」の影響範囲の違いによって文に曖昧性が生じているものの、常識によって私たちが「現実的にありえない解釈」を回避していることを示す例だ。しかし、冒頭に見た「あなたのように写真が上手ではない人」のように、解釈の見極めがしづらい例もある。「ない」は影響範囲によってまったく逆の意味になることがあるので、十分に気をつけた方がいいだろう。

### 文の意味いろいろ

ここまで、語句や文がさまざまな要因で曖昧さを持つこと、また私たちが曖昧さに巧みに対処している（が、たまに失敗もする）ことを見てきた。ここではさらに、いわゆる「意味」というものにもさまざまなものがあること、またそれらの違いを私たちが識別していることを見ていきたい。

私たちは他人の言葉を聞きながら、ただぼんやりと相手が言ったことだけを理解しているわけではない。たった一文を聞いただけでも、同時にさまざまなことを理解している。言語学では、文から導かれる意味内容を細かく分類している。次の問題を考えていただきたい。

【問題】あなたの友人があなたに、

「昨日、太郎と花子がうちに遊びに来て、俺と三人でゲームをしたんだよ」と言った。この友人が本当のことを語っていた場合、絶対に本当だと言えることに「〇」、そうでないことに「?」を付けよ。

（1）「友人と太郎と花子は、昨日一緒に遊んだ」
（2）「昨日、太郎はこの友人の家に行った」
（3）「友人と太郎と花子は仲が良い」
（4）「太郎と花子は付き合っている」
（5）「昨日、友人の家に来客があった」
（6）「友人の家にも、人が遊びに来ることがある」
（7）「友人と太郎と花子はゲームが好きだ」
（8）「友人と太郎と花子は、外で遊ぶよりも、家の中で遊ぶのが好きだ」

早速答えを見ていこう。この問題で「〇」を付けるように言われているのは、「もし友人の言葉が本当だったとしたら、絶対に本当だと言える内容」だ。「ある文が本当だった場合、ある内容が必ず本当になる」という関係は、言語学では「含意（entailment）」と呼ばれる。論理の用語で言えば、「文から演繹的な推論によって導かれる内容」が「文が含意する内容」にあたる[5]。

友人の「昨日、太郎と花子がうちに遊びに来て、俺と三人でゲームをしたんだよ」という言葉は、次のような内容を含意する。つまり、先の問題で○をつけるべきは、(1)(2)(5)(6)だ。

「友人と太郎と花子は、昨日一緒に遊んだ」＝(1)
「昨日、太郎はこの友人の家に行った」＝(2)
「昨日、友人の家に来客があった」＝(5)
「友人の家にも、人が遊びに来ることがある」＝(6)

これらはどれも、友人の言葉から当たり前に導かれることだ。これら以外にも、友人の言葉が含意する内容はたくさんある。以下に一部を挙げておこう。

「昨日、花子はこの友人の家に行った」
「太郎は昨日外出していた」
「太郎(／花子)は外出したことがある」
「太郎(／花子／友人)は、ゲームをしたことがある」
……

これらの中には、取るに足らないことも含まれている。含意される内容というのはたいていい当たり前に導かれる内容なので、意識に上らないことも多い。しかし重要なのは、友人の言葉を聞いた私たちが、同時にこれらのことまで理解するということだ。

含意される内容には、「後から取り消すことができない」という特徴がある。たとえば友人が「昨日、太郎と花子がうちに遊びに来て、俺と三人でゲームをしたんだよ」と言った直後に、「あ、でも、太郎はうちに来てないから（＝（2）の否定）」などと言ったら、あなたは「矛盾しているる」とか「おかしい」などと感じるはずだ。また、同じ日に太郎の口から「昨日は家から一歩も外に出なかった」とか「ゲームなんて、一度もしたことない」などと聞いたら、友人か太郎のどちらかが嘘をついていると思うだろう。つまり含意される内容が後から取り消されると、聞いている人には「矛盾している」とか「嘘だ」などと感じられる。

では、以下はどうだろうか？　これらは、「昨日、太郎と花子がうちに遊びに来て、俺と三人でゲームをしたんだよ」という文が含意する内容だろうか？

「友人と太郎と花子は仲が良い」＝（3）
「太郎と花子は付き合っている」＝（4）
「友人と太郎と花子はゲームが好きだ」＝（7）
「友人と太郎と花子は、外で遊ぶよりも、家の中で遊ぶのが好きだ」＝（8）

これらが「もしかするとそうかもしれない」内容であることは確かだ。しかし、これらは先ほど説明した「友人の言葉が含意する内容」とは異なる。なぜかというと、友人の言葉が本当だったとしても、これらの文が本当であるとは限らないからだ。友人と太郎と花子がゲームをして遊んだことが事実であっても、彼らが仲良しだとは限らないし、ゲーム好きだとも限らないし、インドア派だと言えるかどうかも分からない。それに、太郎と花子が一緒に友人の家に行ったということから「二人が付き合っている」と判断するのは勘ぐりすぎかもしれない。
（3）（4）（7）（8）の内容が友人の言葉から含意されないことは、これらの内容を後から取り消せることからも確かめられる。もし友人が「昨日、太郎と花子がうちに遊びに来てさぁ、三人でゲームをしたんだよ。あ、でも、俺たち別に仲良いわけじゃないから」とか、「太郎と花子は別に付き合ってるとかじゃないから」などと言っても、矛盾しているという感じはしない。

このように、一つの文を聞いて私たちが頭に思い浮かべる内容はたくさんあり、その中にはその文から「必然的に導かれる内容」（つまり含意される内容）と、それ以外の「必然的に導かれるわけではないが、それなりに確実性が高そうな内容」とがある。前者の正しさは、元の文の意味から論理的に保証されるが、後者がどれくらい確実であるかは、私たちの持つ常識とか人生経験とか、社会的・文化的な背景から総合的に判断される。また、前者は原則として誰が聞いても正しさが変わらないのに対し、後者は聞く人によってどれくらい確実だと思うかが変わってくる。文学作品の解釈の多くは、おそらく後者に属するだろう。

ここでお断りしておきたいのは、文から読み取れる内容として、「含意される内容」と「そうでないもの」との両方に注意が払われるべきだということである。前者は「ある文を言ったら、それも言ってしまったことになる」という点で重視すべきだし、後者については「絶対に成り立つというわけではないが、聞いた人にそのような印象を与える可能性がある」という点で注意すべきだ。重要なのは、必要に応じて両者を区別できることである。

## 「君のことも大事にするから」――背景的な意味

人間なら誰しも、他人に隠しておきたいことや、知られたくない思いがあるはずだ。しかし、そういったことがちょっとした言葉遣いに漏れ出てしまうことはよくある。実のところ、言葉は実に多くのことを相手に伝えてしまう。たとえば次の会話は、たった一字が運命を分ける例だ。

【問題】男性が女性に交際を申し込んでいる。女性はこの男性のことが好きだが、彼はプレイボーイだという噂があり、素直に返事ができないでいる。

男性「君のことが好きなんだ。僕とつきあってくれないか」
女性「本当に？　本当に私のことが好きなの？」
男性「そうだよ！　だからこそ、こんなに熱心に言ってるんだ」
女性「でも、つきあい始めたらすぐに飽きて冷たくするんじゃないの？」
男性「そんなことしないよ！　君のことも、大事にするから！」

この直後、この男性は女性に振られてしまった。なぜだろうか？

この例の元ネタは、マーク・トウェイン『トム・ソーヤーの冒険』である。トムの通っている学校では「結婚ごっこ」が流行っていて、男の子たちは気に入った女の子と「結婚」する。トムはすでにある女の子と結婚していたのだが、新しく出会った別の女の子に心を奪われてしまい、ついつい結婚を申し込む。しかしそのときにトムが言った台詞が「君のことも大事にする」だったので、「重婚」がばれ、見事に振られてしまう。

ここで悪さをしているのは「も」という助詞だ。皆さんのご存じの通り、「も」はたった一字で「他にも同様の事物が存在する」ということを相手に伝えてしまう。より正確に言えば、「他にも同様の事物が存在する」ということが先に成り立っていないと、「も」という言葉を適切に使うことはできない。いわゆる文の意味の中にはこのように、「ある表現を適切に使うために、事前に成り立っていなくてはならない内容」がある。ここではこういったものを、仮に「背景的な意味」と呼ぼう[6]。

先ほどの「君のことも大事にする」は、「も」が「背景的な意味」を導入する表現であるがゆえに、以下の二つのことを意味することになる。

「君のことも大事にする」
意味する内容1：君のことを大事にする

意味する内容2：君以外にも、僕が大事にする人物が存在する（「も」によって導入される「背景的な意味」）

背景的な意味を導入する表現には他にもいろいろある。次の問題を見てみよう。

【問題】プロレス好きのKさんは、楽しみにしていたプロレス観戦の日時と、勤務先の会社の創立記念パーティーの日時が同じであることに気がついた。会社からはパーティーに出席するよう言われていたが、どうしてもプロレスを見に行きたかったKさんは、仮病を使ってパーティーを休み、後楽園ホールで心ゆくまでプロレスを楽しんだ。その翌日、同僚にこう尋ねられた。

同僚「ねえ、Kさんさ。昨日、後楽園ホールに行ったでしょ？」
Kさん「えっ？　なんで（　　　　　　　）の？」
この発言の結果、Kさんの昨日の行動が同僚にばれてしまった。

（問い1）Kさんはカッコ内で何と言ったのだろうか？
（問い2）もし、カッコの中身がどうであれば、Kさんは「とりあえずごまかす」ことができたのだろうか？

まずは（問い1）について考えてみよう。答えはひとつとおりではないが、おおよそ以下に類する言葉だと考えていただけるといい。

なんで（知ってる）の？
なんで（分かった）の？
なんで（気づいた）の？

Kさんがこのように言えば、Kさんは相手（同僚）の言う「昨日Kさんが後楽園ホールに行った」ことを事実として認めてしまうことになる。それは、「～を知っている」「～が分かる」「～に気づく」といった言葉の性質による。これらは専門用語で「叙実述語」と呼ばれており、「～」にあたる部分が話し手にとって真実である、という背景的な意味を持つのだ。たとえば次の文はどれも、（話している私にとって）「私が後楽園ホールに行った」ことが真実であるという背景的な意味を持つ。

あの人は、私が後楽園ホールに行ったことを知っている。
あの人には、私が後楽園ホールに行ったことが分かっている。
あの人は、私が後楽園ホールに行ったことに気づいている。

「知る」「分かる」「気づく」という言葉にはこのような性質があるために、私が誰かに「なんで（私が後楽園ホールに行ったことを）知ってるの？」と言うと、「私が昨日後楽園ホールに行ったこと」が真実であるとバレてしまうわけだ。

では、（問い2）の答えの例を見ていこう。もしKさんが以下のように答えたら、後楽園ホールに行ったことをとりあえずごまかせたはずである。

なんで（そう思った）の？
なんで（そんなことを言う）の？

なぜかというと、「思う」「言う」などといった言葉は、「知る」「分かる」などのような背景的な意味を持たないからである。つまり、「～と思う」「～と言う」の「～」の部分は背景的な意味ではない。たとえば次の文では、「私が後楽園ホールに行った」という部分は必ずしも真実にはならない。

あの人は、私が後楽園ホールに行ったと思っている。
あの人は、私が後楽園ホールに行ったと言っている。

「思う」「言う」と「知る」「分かる」との違いは、少し前に紹介した「後から取り消して矛盾が起こるかどうかを確かめるテスト」を使うとより明確になる。「あの人は、私が後楽園ホールに行ったと思っている」では、後から「私が後楽園ホールに行った」を否定してもとくに矛盾は感じられない。

あの人は、私が後楽園ホールに行ったと思っている。でも、私は後楽園ホールには行っていない。

これに対し、「知っている」を含む文は、「私が後楽園ホールに行った」を後から取り消すと矛盾が感じられる。

あの人は、私が後楽園ホールに行ったことを知っている。でも、私は後楽園ホールには行っていない。

こんなふうに、「知る」「分かる」を使うか、あるいは「思う」「言う」を使うかによって、ずいぶんと結果が変わってくるのである。

## 「今から来れる？」——言外の意味を意識する

「行間を読む」とか「空気を読む」という言葉に表されているように、日常生活の中では、言葉に直接表れていない相手の意図を汲み取る必要性がたびたび出てくる。いわゆる「言外の意味」というものだ。

言外の意味にもさまざまなものがある。たとえば合言葉は、「仲間内での事前の取り決め」に従って、言葉の本来の意味とは関係のない意図を伝えられるようにしたものだ。時代劇などでおなじみの合言葉「山」「川」は「お前は仲間か？」「そうだ」ということを伝えるが、ここで伝えられる内容と、「山」「川」そのものの意味との間には直接的な関係はない。

また、「仲間内での事前の取り決め」と言えば狭い感じがするが、これを「社会人コミュニティの中での共通の理解」と考えると、私たちはより頻繁に合言葉的な表現を使っていると言えそうだ。たとえば、あまり真剣にやる気がないことをやんわり伝える「善処します」だとか、本気で思っているわけではない「今度うちに遊びに来てください」などといった社交辞令の一部も、ある意味「社会人だったら真意が分かることが期待される、合言葉的な言い回し」だと言えるかもしれない。

言外の意味を理解するのは難しいと言われるが、中には、私たちの日常に馴染みすぎているがゆえに、言外の意味だということがほとんど意識されないものもある。そういったものの一つに、言語学で「会話的含み（conversational implicature）」と呼ばれるものがある。これは、「なぜ話し手は、今この文脈で、あえてこのようなことを言ったのだろう」という推測から生じる言外の意味だ。次の問題を考えていただきたい。

【問題】以下の（1）～（5）のような状況で発せられた言葉を聞いて、あなたはどのように感じるだろうか？　a～eから選んでみてほしい。複数選んでもよい。

（1）友人から、「今から来れる？」というメールが来た。
（2）あなたが会社に遅刻した日、上司から「君が時間どおりに出社してくれたので、本当に助かったよ」と言われた。
（3）窓の近くに立っていたら、人から「そこの窓、開けられますか？」と言われた。
（4）好きな人に告白して、付き合ってくださいと言ったら、「実は私、好きな人がいるんです」と言われた。
（5）有名なピアニストが、「私は生まれてから一度もピアノに触ったことがありません」と言った。

a．断られているんだな。
b．冗談を言っているんだな。
c．お願いをされているんだな。
d．皮肉を言われているんだな。

e. 命令をされているんだな。

実は、これらの問題には絶対的な正解や不正解はない。よって、a〜eの中からどれを選ぶかが人によって違っても構わない。ただし、全体的な傾向はあると思う。

（1）の「今から来れる？」については、c、eを選んだ人が多いのではないだろうか。実際、私たちは（1）のような発言を、「今から来て」というお願い（あるいは命令）だと解釈しがちだ。

ここで注目すべきなのは、「今から来れる？」という文そのものは疑問文であり、お願いや命令の形をしていない、という点だ。つまり「お願い」や「命令」は、「今から来れる？」から直接出てくる意味ではない。にもかかわらず、私たちが「今から来れる？」をただの質問ではなく、お願いや命令だと解釈するのは、相手がなぜ自分に対して「あえて」このように尋ねているか考えた結果、「相手は私に来るように依頼（命令）している」と推測するからだ。こういったものが会話的含みである。

会話的含みは、先に紹介した「文が含意する内容」とは異なる。その証拠に、後から取り消すことができる。たとえば友人が「今から来れる？　あ、でも、別に来てくれっていう意味じゃないから。単に、来れるかどうか訊いているだけだから」と言うことは可能だ。もちろん、来てもらおうと思っているわけでもないのになぜ「来れる？」などと言っているのだろうか、という疑問は残る。しかしそれはあくまで疑問であって、含意される内容を後から取り消した時に生じる「矛盾している感じ」とは違うはずだ。

（2）で上司が言う「君が時間どおりに出社してくれたので、本当に助かったよ」については、bかd、つまり「冗談」か「皮肉」を選んだ人が多いだろう。（5）のピアニストの発言「私は生まれてから一度もピアノに触ったことがありません」も似たような例で、bの「冗談」を選んだ人が多いと思う。これらのように、話し手が心にもないことをわざと言った場合、聞き手はたいてい「なぜこの人は、心にもないことをあえて言っているのだろう」と考え、「そうか、相手は冗談（あるいは皮肉）を言っているのだ」と結論づける。

（3）の「そこの窓、開けられますか？」も（1）に似た例で、cの「お願い」か、eの「命令」を選んだ人が多いと思う。これも表面上は疑問文であり、依頼や命令の形をしていない。また、「そこの窓、開けられますか？　あ、でも、単に開けられるかどうか聞いているだけで、開けてっていう意味ではないんです」というふうに、後から取り消すことができる。

（4）の「実は私、好きな人がいるんです」については、ほとんどの人がaの「お断り」を選んだはずだ。中には、「これ、言外の意味？　言外というより、ストレートに断ってない？」と疑問に思った人もいると思う。確かに「付き合ってください」と言われて「好きな人がいるんです」と答えるのは典型的な断り文句だが、「好きな人がいる」という文そのものから直接「あなたとは付き合えないので、お断りします」という内容が出てくるわけではない。その証拠に、「実は私、好きな人がいるんです。それは、あなたのことです。だから、あなたとお付き合いしますます」のように答えることだってできる。もっとも、このような答えを素直に喜ぶか、それとも「こんなしゃらくさい答え方をする人だと思わなかった」と幻滅するかは人によるだろうが。

以上のように、私たちは言外の意味を理解するとき、「言葉が文字通りに表す内容」だけでなく、「仲間（コミュニティ）内での取り決め」や、「言葉が発せられた文脈」などを手がかりに、高度な推測を行っている。合言葉的な表現にしろ、会話的含みにしろ、言外の意味が相手にきちんと伝わるためには、「これは文字通りの意味で受け取ってはいけないんだな」ということが相手に伝わらなくてはならない。これは人間どうしでもうまくいかないことがあるし、言葉を操る人工知能（ＡＩ）にとってもかなりの難問でもある。このあたりは拙著『自動人形《オートマトン》の城　人工知能の意図理解をめぐる物語』（東京大学出版会、２０１７年）で詳述しているので、ご参照いただきたい。

## 「歯医者やめた」――文脈に沿った多様な理解

また私たちは、文脈に合わせて言葉の意味をかなり柔軟に捉えることもできる。次の例を見ていただきたい。この会話における妻の意図と夫の解釈との間には、どんな食い違いがあるのだろうか？

妻が誰かと電話で話している。どうやら電話の相手は妻の友人らしい。

妻（電話の相手に向かって）「え？　あんた、歯医者やめたの？　え～？　あんたが歯医者だって言うから、あたしもそのつもりでいたのに。どうしてやめたのよ？　あ、そう。はいはい、分かりました。残念だけど、仕方ないわね。じゃあ、また今度ね」

それを聞いていた夫は、妻にこう言った。

夫「君に、歯医者をやってる友達なんていたっけ？」
妻「は？　何言ってるの？　いないわよ」

みなさんは、この会話をどう解釈されただろうか？　妻の言うことが支離滅裂だと思った人は、夫の方と同じように考えておられることと思う。つまり、「妻の電話の相手の職業は歯医者だったが、最近歯医者を廃業した。妻はそれに対して（なぜか理由はわからないけど）グダグダ言っている」と。

では、この会話の続きを見てみよう。

（続き）
夫「歯医者をやっている友人なんていない、って？　じゃあ、今話してた相手は誰？」
妻「友達のAちゃんよ。『明日歯医者の予定をキャンセルすることにしたから、前に誘ってくれた映画に一緒に行かない？』って言ってきたんだけど、私はもう別の予定を入れちゃったから断ったのよ。予定が変わったんなら、もっと早く言ってくれればよかったのに」

つまり妻の言う「歯医者」は友人の職業のことではなく、「歯医者に行く予定」のことだったのだ。「歯医者をやめた」というのは、友人が「歯医者に行く予定を取りやめにした」ということであり、また「あんたが歯医者だって言うから」という発言は、「あんたが歯医者に行くって言うから」という意図でなされたものであった。

この例は、私が実際に聞いた会話を元にしている。私が聞いたのは、先に挙げた例とほぼ同じ会話だが、第一声の「あんた、歯医者やめたの？」を聞いたときから、私には、この「歯医者をやめた」というのが「歯医者の予定をキャンセルした」という意味だとはっきり分かった。なぜかというと、会話の参加者がその場にいて、双方がどのような人物かをこの目で見ることができたからである。「歯医者やめたの？」と尋ねているのは三十代ぐらいの女性で、尋ねられているのはその女性の子供と思しき中学生だった。常識的に考えて、中学生が「職業：歯医者」であるわけはない。よって、「歯医者という職業をやめる」という解釈を排除し、「歯医者に行く予定を取りやめる」方を自然に選択できたのだ。

こんなふうに「文脈」というのは、言葉の解釈にかなりの自由度を与える。「歯医者をやめる」にしても、「歯医者という職業を廃業する」や「歯医者に行く予定をキャンセルする」だけでなく、他にも「歯医者である恋人と別れる」などといった多様な解釈が可能だ。たとえ部外者にとっては逸脱しているように見える解釈でも、それまでの文脈を共有している人々の間ではごくごく自然に受け入れることができて、コミュニケーションが成立する。

文脈次第で言葉の解釈の自由度が広がる例は、他にもたくさんある。たとえばよく知られている「ウナギ文」という現象もその一つだ。これは、「ぼくはウナギだ」という一見おかしな文が、「和食屋でウナギを注文する」という文脈では自然に使用でき、また他人にも問題なく理解されるというものだ。「私は地下鉄です」という文で「私は地下鉄で帰ります」を意味することができるのも同様の例だ。

また世の中には、たった一語でコミュニケーションできてしまうケースも少なくない。ドラマの手術のシーンなんかでは、執刀医が助手に「メス」とか「鉗子」とか言うだけで欲しい道具を手にいれたりする。

世の中には、こういった「一見自由な例」があることを根拠に、「言葉の意味なんて、文脈次第でどうにでもなる」という人々もいる。しかしながら実際は、意図とかけ離れた言葉や、一語程度の短い言葉で意図を伝えられる状況は限られているし、伝えられる意図も、文脈や文化や社会的背景などから明らかなものに限定される。いくら医者でも、手術後の打ち上げでビールを飲んでいるときに助手たちに「メス！」とか「鉗子！」とか言ったら、「冗談を言っているんだろう」としか思われないだろうし、もし冗談で言っているのでなければかなりヤバい医者だし、その場で助手からメスが手渡されようものならさらにヤバい人たちだ。

つまり、文脈によって言葉の解釈の自由度が広がることは、「完全に何でもあり」ということを意味しない。これは、自由が許された社会が必ずしも無秩序ではないのと似ているかもしれない。

実際、言語学を学ぶと、私たち人間は言葉を好き勝手に使っているわけではなく、そこには秩序がある、ということを痛感させられる。そうした言葉の秩序を司る「文法」について、第二章でくわしく見ていこう。

# 第二章　無意識の知識を眺める：文法編

言葉にとっての秩序の骨子となるのは、文法だ。しかし、文法という言葉に良いイメージを持っている人は少ないのではないだろうか。「学校での語学の授業は、文法ばっかりで実践的ではない」とか、「文法がめちゃめちゃでも、通じるときは通じる」とか、「文法なんて結局、格式張った書き言葉のためのものでしかない」といった意見もたまに耳にする。私も学生時代に英語や国語の文法の勉強を面倒だと思っていた人間なので、その気持ちはよく分かる。しかし、理論言語学を学ぶようになってから、文法の重要性を強く認識するようになった。

私たちは、単語を組み合わせて句や文を作り、それを口に出すことで他人とコミュニケーションを取っている。単語の数には限りがあるが、私たちはそれらを組み合わせることで実に多くのことを表現できる。言葉によって、誰も見たことのない状況や、誰も思いつかなかった考えまで表現できるのは、そういった組み合わせのおかげだ。そして文法とは、理論言語学においては、私たちが単語を組み合わせて句や文を作るときに使っている知識のことを言う。

母語の文法は私たちの頭の中に潜んでいて、ほとんど意識に上ることはない。しかし、私たちが何らかの文を耳にして「なんか変だな」「不自然な文だな」と感じるとき、そこにはたいてい文法の知識が働いている。理論言語学においても、私たちの頭の中の文法がどうなっているのかを探るとき、「どこかおかしな文」を手がかりにすることが多い。

この章では、そういったおかしな文を取り上げながら、私たちの文法の知識を浮き彫りにしていく。しかしその前に、私たちが言葉に関して感じる「おかしさ」「不自然さ」そのものについて考えておこう。

## おかしな文いろいろ

「何でもいいから、おかしな文を言ってみて」と言われたら、皆さんはどんな文を口にするだろうか？

私が知人にそのように聞いてみたところ、「昨日、私は夕飯に新宿の高層ビルを食べた」とか「うちの電気ストーブは暴力に飢えている」のような文を答えてくれた。また、インターネットであれこれ検索していたら、意味不明な言葉を集めたサイト[7]があり、そこには「進化したからって60人で走るわけないだろ」「シリカゲルでしか見えない物もあるのだぞ」などといった文がリストアップされていて、なかなか面白かった。これらの例を見るかぎりでは、「おかしな文」と言えば「わけの分からない文」や「どういう状況で言われているのか想像がつかない文」を真っ先に思い浮かべる方が多いように思える。

意味の面から見てわけの分からない文や、どういった状況で使われるのかが分からない文は、たいてい「非日常的な世界」と結び付けて解釈される。「うちの電気ストーブは暴力に飢えている」とか「進化したからって60人で走るわけないだろ」などという文を実際に口にする人がいたら、電気ストーブが生き物のような感情を持っている世界や、進化したら（なぜか）多人数で走ることになっているような世界を思い浮かべて、そういうシュールな異世界の話をしているのだろうか、と思うはずだ。

これに対し、世の中には「言いたいことは分かるけど、形の上で不自然な文」も多数存在する。そういったものはとくに非日常と結び付けられることはなく、単に「文の書き方がまずい」と言われることが多い。次の例を見ていただきたい。

太郎は花子を会った。
皆様を機内へのご案内は、15時20分頃になる予定です。
もし地球の平均気温が今よりも1．5度上昇したところを想像してみよう。

これらの文の言いたいことは明確だが、おそらく読者の皆さんの多くは「あっ、ここを直さないといけないな。このままだと不自然だな」と思われたはずだ。私たちは、こういった「形の上で不自然な文」を識別する際に、文法の知識を無意識に使っている。

この章ではこういった「日本語の文として、形の上で不自然な文」を多く見ていく。ただし、それらはあくまで「日本語を母語とする人々の大多数から見て、あくまで現時点で、形の上で不自然であるように感じられる文」であり、それは「日本語として正しくない（つまり、日本語として間違っている）文」というわけではない。

まえがきでも述べたが、理論言語学は言葉を自然現象として見る。理論言語学の研究者は、「このような形の文は、日本語の母語話者にとっては不自然に感じられるようだ」とか、「このような文にはこういう解釈があるようだ」といったことを自然現象として観察し、「それらの現象が存在するのは、私たちの無意識の知識がこうなっているからだ」という仮説を立て、それに従って理論を作り、現象を説明しようとする。研究者が作った理論の良し悪しは、その理論から出てくる「日本語の母語話者はこの文を自然だ（／不自然だ）と感じるはずだ」とか「日本語の母語話者はこの文をこのように解釈するはずだ」といった予測が正しいかどうかによって決まる。現象を正しく予測できない理論は却下され、より正しい理論が模索される。

このことから明らかなように、理論言語学者が追求する「理論」は、「これは日本語として正しい」とか「間違っている」とかを決定するような「規範」ではない。つまり、理論言語学の研究によって裏付けられた「正しい日本語」などというものは存在しない。これは、物理学の理論が「このような物体の運動は起こりうる」とか「起こりえない」といったことを予測するものであって、「このような物体の運動は正しい」とか「間違っている」などといったことを決める規範ではないのと同じだ。

また、以下で私が紹介する「形の上で不自然な文」の中に、皆さんが「別に不自然じゃないけど?」と感じるものがあってもまったく不思議ではない。言語は時間の経過に従って変化していくし、それにつれて私たちの頭の中の「無意識の知識」も変わる。また、方言などの影響により、

「自然だ」あるいは「不自然だ」という感覚に個人差が見られるのもよくあることだ。言語学者は経験上、多くの人々が不自然だと思う文のパターンを数多く知っているが、同時にそういったパターンの文がすべての人にとって不自然だと感じられるわけではないことも理解している。以下で私が行う指摘も、日本語を母語とする人々の多くに共通してみられる傾向に基づいたものではあるが、絶対的なものではないことをご了承いただきたい。

## 品詞の違いを意識する

では具体的に、私たちの頭の中の文法を眺めてみよう。まずは、以下の文をよく読んでみていただきたい。

（1）私が日本代表に望むのは、チームワークを強化し、ライバルに勝利し、それから金メダルの獲得です。

（2）鈴木さんは毎日山に入ります。山では、木の実の採集と、山菜も採ります。

これらの文は、私が実際に見聞きしたことのある例を元にしている。（1）と（2）の文の言いたいことは明確だ。しかし、なんだか気持ち悪くないだろうか？　声を出して読めば、「言いたいことは分かるけど、何か変だ」という感覚がつかみやすいと思う。

これらの例は「言語表現の並列」を含んでいる。意味の面から考えれば、（1）では「チームワークを強化し」と「ライバルに勝利し」と「金メダルの獲得」が並列されており、（2）では「木の実の採集」と「山菜も採ります」が並列されていることが分かる。各文で並列されている部分を傍線で示すと、次のようになる。

（1）私が日本代表に望むのは、チームワークを強化し、ライバルに勝利し、それから金メダルの獲得です。

（2）鈴木さんは毎日山に入ります。山では、木の実の採集と、山菜も採ります。

このように、いくつかの表現を並列してつなぐことを、言語学では「等位接続（coordination）」と呼ぶ。英語の等位接続には「and」のような接続詞が必要だが、日本語では必ずしもそうではない。ただ並列したいものを並べるだけの場合もあれば、「と」「そして」「それから」「あと」みたいな表現が入る場合もある。

ただし、「等位接続できるもの」には制限があって、何でも自由につなげていいわけではない。たとえば、名詞と動詞をそのままつなぐとかなり不自然な文になる。（1）（2）の例の気持ち悪さもこのことに由来する。これは、私たちがほぼ無意識ながら、名詞と動詞の違い、つまり「品詞の違い」を気にしているということを意味する。

品詞といえば、「名詞、動詞、形容詞と……あと何だっけ？」のように、うろ覚えの方も大勢いらっしゃるだろう。だが重要なのは、細かい分類を覚えることよりも、品詞の区別が私たちの頭の中に入っているのを意識することだ。「名詞」とか「動詞」とかいう言葉は、私たちが頭の中にいつのまにか持っている分類に対してつけられた名前に過ぎない。一応言語学者を名乗っている私も、はっきり言って品詞の細かい分類はうろ覚えである。本書を読み進めていただく上では、とりあえず以下を押さえておいていただければいい[8]。

名詞：花、猫、私、これ、～こと　等
動詞：動く、食べる、走る　等
形容詞：美しい、すばしっこい、寒い　等
形容動詞：新鮮だ、元気だ、変だ　等
副詞：ゆっくりと、徐々に、たぶん、あえて　等
連体詞：この、あの、単なる、ろくな　等
助動詞：た、だ、です、ます　等
助詞：が、を、に、へ、まで、から、の、は、こそ、だけ　等
接続詞：だから、しかし、そして　等
感動詞：ああ、まあ、はい、いいえ、こんにちは　等

注意しなければならないのは、こういった品詞の区別というのは、「文の中のどういう場所に、どういう形で現れうるか」に基づく分類であり、必ずしも意味に基づく分類ではないということ

だ。たとえば、文の中で主語や目的語として現れるのは原則として名詞である。動詞、形容詞、形容動詞はいずれも述語として現れることができるが、活用の仕方が異なる。助動詞と助詞は単独で現れることはできず、他の品詞にくっついて現れなくてはならない。ただし、助動詞は前後の単語によって形が変わる（つまり活用する）のに対して、助詞は形が変化しない……などなど、各品詞にはそれぞれ、形の上での特徴がある。

たまに、名詞、動詞、形容詞の区別の説明で「ものを表すのが名詞で、行為や出来事を表すのが動詞、状態や性質を表すのが形容詞」のように言われているのを見かけるが、これは厳密には正しくない。たとえば、名詞の中にも「勉強」「建設」「獲得」「案内」のように行為や出来事を表すものがある。つまり「勉強する」は動詞だが、「勉強」は名詞だ。実際、「勉強」は文中で主語や目的語として現れることができる。

勉強は面倒だなあ。（「勉強」が主語として現れている例）

あいつ、勉強をサボってやがるな。（「勉強」が目的語として現れている例）

また、名詞＋「の」や形容詞、形容動詞などによって修飾することもできる。

若い頃の勉強が大事なんだぞ。分かっているのか？（「勉強」が「若い頃の」によって修飾されている例）

嫌いな勉強をしなくていい方法はないだろうか。（「勉強」が「嫌いな」によって修飾されている例）

また、状態や性質を表す言葉がすべて形容詞であるとはかぎらない。動詞の中にも、「ある」とか「存在する」とか「異なる」のように、状態を表すものがある。動詞と形容詞は、必ずしも意味的に区別できるわけではなく、あくまで形の上で区別されるのである。

さらに、品詞の区別というのは、単独の単語にだけあるわけではない。私たちはいくつかの単語を連ねて、まとまった意味を表すことができる。そういった「単語の連なり」の代表的なものは「文」だが、「黄色い花」や「早く走る」や「とても美しい」などのように、より小さな連なりもある。そういったものを、ここでは「句」と呼ぶ。実は、「句」に対しても、品詞の区別がある。

たとえば「花」は名詞だが、それに修飾語が付いた「黄色い花」「桜の花」「太郎が買ってきた花」「世界に一つだけの花」とか、複数の名詞を「と」でつないだ「花と蛇」のような句は、名詞の性質を受け継ぐ。つまり単独の名詞と同じように、主語や目的語として現れたり、「名詞＋の」や形容詞などによる修飾を受けたりする。こういったものが、第一章で紹介した「名詞句」である。

動詞についても「動詞句」がある。「走る」という動詞を副詞で修飾した「ゆっくりと走る」や、「見る」という動詞に目的語が付いた「テレビを見る」なんかも、動詞の性質を受け継いだ動詞句と見なされる。形容詞句としては「とても美しい」「少し寒い」などが挙げられるし、副詞句には「非常にゆっくりと」などがある。

先に見た（1）では、「チームワークを強化し」「ライバルに勝利し」という動詞句と、「金メダルの獲得」という名詞句が等位接続によってつなげられており、（2）では「木の実の採集」という名詞句と「山菜も採ります」という動詞句がつなげられている。つまり、片や動詞、片や名詞に属する「句」を等位接続でつないでいるために、読む人に不自然な印象を与えるのだ。

（1）私が日本代表に望むのは、［チームワークを強化し］（動詞句）、［ライバルに勝利し］（動詞句）、それから［金メダルの獲得］（名詞句）です。

（2）山では、［木の実の採集］（名詞句）と、［山菜も採ります］（動詞句）。

これらの例から不自然さを取り除くには、並列されるものを名詞句か動詞句のどちらかでそろえればいい。たとえば（1）を名詞句でそろえると、つぎのようになる。

（1）を名詞句でそろえた例
私が日本代表に望むのは、［チームワークの強化］、［ライバルへの勝利］、それから［金メダルの獲得］です。

私たちが無意識に品詞を区別していることを示す例として、さらに次のようなものもある。

空港でのアナウンス：

（3）皆様を機内へのご案内は、15時20分頃になる予定です。

（4）皆様の機内へのご案内するのは、15時20分頃になる予定です。

（3）も（4）も、言いたいことは明確だが、よくよく聞いたら訂正したくなる例だ。これらを訂正するとしたら、どのような文にするのが良いだろうか？

多くの方は、以下の（5）か（6）のどちらかを思い浮かべられるだろう。（5）は主語部分に「皆様の機内へのご案内」という名詞句が使われている例、（6）は「皆様を機内へご案内する」のように動詞句が使われている例である。

（5）皆様の機内へのご案内は、15時20分頃になる予定です。（名詞句）

（6）皆様を機内へご案内するのは、15時20分頃になる予定です。（動詞句）

（3）と（5）を見比べてみると、いくつかの違いが見て取れる。一つは、「ご案内」の前の「皆様」「機内」に付く助詞の形だ。（5）では、「ご案内」という名詞の前の部分が「皆様の機内への」という形になっている。名詞「ご案内」を修飾する場合、「皆様を」あるいは「機内へ」

のような形は不自然になる。（3）の「皆様を機内へのご案内」が気持ち悪いのはこのためだ。

他方、（6）に見られるように、動詞「ご案内する」に続く場合は「皆様を機内へ」のような形は良いが、（4）の「皆様の機内への」は不自然に感じられる。

また、（6）の「ご案内する」の後に「の」が付いていることにも注目していただきたい。この「の」は、ざっくり言えば、「名詞句でないものに付いて、名詞句を作る」という機能を持った単語である。「皆様を機内へご案内する」は名詞句ではなく、そのままでは主語や目的語になることができないので、「の」を付けて全体を名詞句にしてやる必要がある。「の」がないと、「皆様を機内へご案内するは、15時20分頃になる予定です」のように、また別のタイプの「気持ち悪い文」を生んでしまう。

名詞とか動詞とかの分類がなかなか覚えられなくても、私たちは品詞の違いにかなりうるさいのだ。

## 「かっこいい俺の車」——句や文の中の「かたまり」

先に述べたように、単語をつなぐことによってかなり自在に言いたいことを表現できるというのは、人間の言語の大きな特徴の一つだ。しかしそうすることによって、言葉の曖昧さ、つまり「可能な解釈の数」も増える。それも、かなり爆発的に増える。なぜかというと、つながる単語の数が増えると、「語と語のつながり方」が何通りにも増えるからだ。

「つながり方が増える」とはどういうことか？　それは、句や文の中で単語がいくつかの「かたまり」をなしていることと関係がある。句や文は、一見するとただの単語の連続だが、実際はそうではない。私たち自身も、句や文に含まれる単語をただ前から順番に一個ずつ理解しているわけではない。たとえそうしているように思えても、頭の中ではそれらを「いくつかの単語のかたまり」に切り分け、さらにそれらの「かたまり」どうしをつなげて、最終的には「文」という大きな「かたまり」にまとめている。そういった「かたまり」の存在を示す証拠の一つが、おなじみの「曖昧性」である。次の問題を見てみよう。

【問題】あなたは最近、新車を購入した。その車はとてもかっこいいので、あなたは人に自慢したいと思い、次のように発言した。

「かっこいい俺の車を見てくれ!」

そうしたところ、友人たちの間であなたのことを「あいつはナルシストだ」と言う人が出てきた。なぜだろうか?

この問題は簡単すぎてお話にならないと思うが、一応説明しておこう。あなたは車を自慢するつもりで「かっこいい俺の車を見てくれ!」と言ったのだが、これを聞いた友人たちは、あなたが自分の容姿を自慢していると思った。というのも、「かっこいい俺の車」という名詞句には、

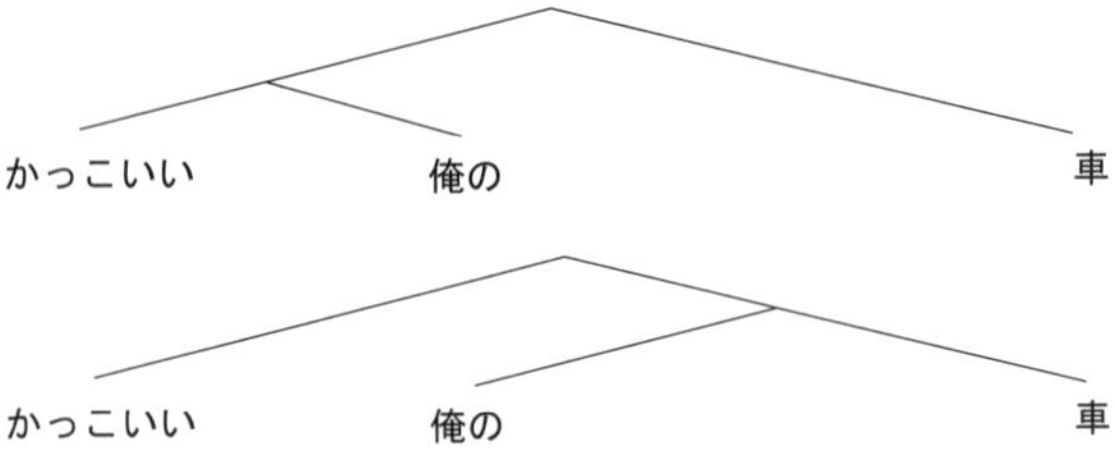


図1 「かっこいい俺の車」の二つの構造

「かっこいい」という言葉が「車」を修飾している解釈と、「俺」を修飾している解釈があるからだ。前者の場合はあなたの意図どおりに「かっこいいのは（俺の）車である」という解釈になるが、後者だと「かっこいいのは俺」というナルシスト解釈になる。

なぜ、車自慢解釈とナルシスト解釈の両方が可能なのだろうか？ 理論言語学では、語と語の修飾関係には、句や文の「構造」が関係していると考える。先ほど言ったように、句や文の内部では単語が集まって「かたまり」をなし、それらが組み合わされた結果として階層構造が出来上がる。私たち自身も無意識にではあるが、句や文をそのような「構造をもったもの」として認識し、理解している。そしてその内部構造が、語と語の修飾関係を決めるのに重要な役割を果たしているのである。ときに、同じ見た目の句や文に対して二通り以上の内部構造が考えられる場合があり、その際は修飾関係についても二通り以上の解釈が出てくる。

たとえば、「かっこいい俺の車」という句（名詞句）に関しては、二つの構造が考えられる［図1］。

二つのうちの上の構造では、「かっこいい」と「俺（の）」がかたまりをなし、その全体が「車」と結びついている。この構造において、「かっこいい」は、それが直接結びつく「俺」を修飾する。修飾語は一般に、構造上、自分が直接結びついているものを修飾するので、これが「ナルシスト解釈」に相当する。

下の方の構造では「俺の車」がかたまりをなし、それに「かっこいい」が結びついている。ここで「かっこいい」が修飾するのは「（俺の）車」であって、「俺」ではない。これが「車自慢解釈」である。

理論言語学では、語と語がかたまりをなすことをこのような図（樹形図と呼ばれる）で表現することが多いが、この本では以下、語と語がかたまりをなすことを［ ］でも表していく。この表現の仕方だと、「かっこいい俺の車」の二つの構造は次のように表される。

［［かっこいい 俺］の車］（ナルシスト解釈）
［かっこいい ［俺の車］］（車自慢解釈）

「かっこいい俺の車」のように、複数の修飾語がダンゴのように連なる場合は、それに対応する構造も増え、結果的に可能な解釈も増えることが多い。たとえば「かっこいい俺の兄貴の車」となると、ナルシスト解釈と車自慢解釈の他に「兄貴自慢」解釈が加わるし、「かっこいい俺の兄貴の車のリアビュー」だとさらに「リアビュー自慢」解釈が加わる。

このような曖昧性は、私たちが言葉を使うときに必ず生じるものだ。それはある意味仕方のないことなのだが、変な誤解を生まないよう、できるだけ曖昧性のない言い方ができるに越したことはない。そのためにはどうしたらいいだろうか？

一つの方法として、語順を工夫するという手がある。たとえば「かっこいい俺の車」は曖昧だが、「かっこいい」と「俺の」を入れ替えた「俺のかっこいい車」に曖昧さはない（つまり、車自慢解釈しかなく、ナルシスト解釈はない）。このような語順では、「かっこいい」が「俺」を修飾する可能性がないからだ。

また別の方法として、修飾語が修飾するものの「種類」（カテゴリー）を工夫するという手もある。「かっこいい」は、人間についても物についても言える言葉なので、「かっこいい俺の車」はどうしても曖昧になる。これに対し、「人間についてのみ言えること」あるいは「車についてのみ言えること」を修飾語に持ってくれば、曖昧性は回避できる。たとえば、「イケメンな」は基本的に人間に対してのみ言えることなので、「イケメンな俺の車」にすればナルシスト解釈のみが可能になる（ただし、車を擬人化した比喩とか、車のCMのキャッチコピーなどはその限りではない）。

さらに、人間の持つ傾向として、「句や文の中の語を、それよりも前の要素に優先的に結びつけがちである」ことを知っておくのも役に立つかもしれない。「かっこいい俺の車」を例に挙げると、私たちにはこの句を聞く時、「俺」が出てきた時点でそれを「かっこいい」と結び付けてしまう傾向がある。つまり私たちが「かっこいい俺の車」という表現を理解しようとするとき、最初に［［かっこいい 俺］の車］というナルシスト解釈が頭に浮かびがちだということである。

この傾向をより明確に意識するために、次の問題を考えてみよう。

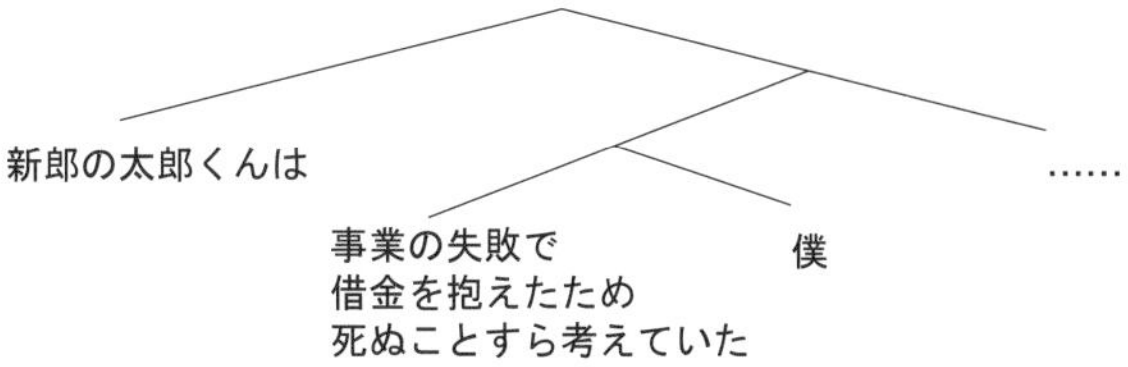
新郎の太郎くんは
……
事業の失敗で
借金を抱えたため
死ぬことすら考えていた
僕

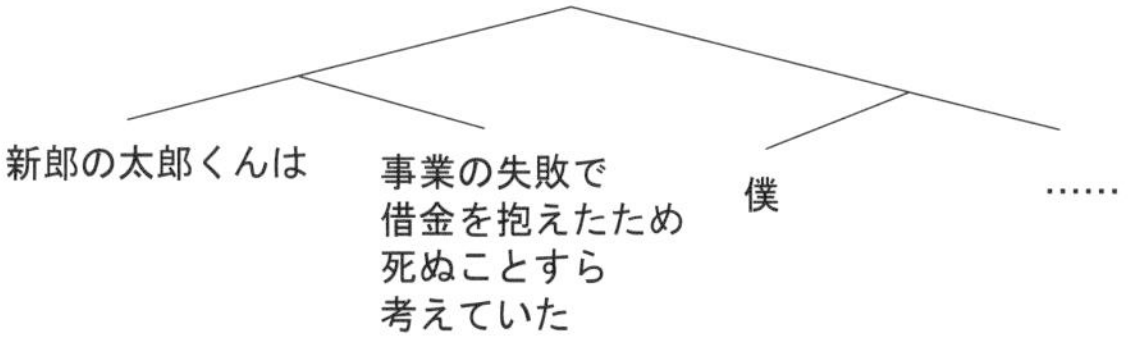
新郎の太郎くんは
事業の失敗で
借金を抱えたため
死ぬことすら
考えていた
僕
……

図２「新郎の太郎くんは～」の構造
上：本来意図されていた解釈　下：ぎょっとする解釈

【問題】太郎と花子の結婚式で、次のような挨拶がなされた。挨拶の途中で、聞いていた人たちが一瞬ざわついた。それはなぜだろうか？

（1）新婦の友人による挨拶：
「新婦の花子さんは、当時の恋人に振られて自暴自棄になり、他の友人たちにも見放された私にずっと寄り添ってくれました」

（2）新郎の友人による挨拶：
「新郎の太郎くんは、事業の失敗で借金を抱えたため、死ぬことすら考えていた僕に手をさしのべてくれました」

これらの挨拶を聞く人は、文の途中まで耳にした時点で「えっ、そんなこと、お祝いの席で言っていいの？」と感じることだろう。きっと、「新婦の花子さんは、当時の恋人に振られて自暴自棄になり、他の友人たちにも見放された」および「新郎の太郎くんは、事業の失敗で借金を抱えたため、死ぬことすら考えていた」というところまでを聞いて、ぎょっとしてしまうに違いない。文を最後まで聞けば、失恋して自暴自棄になったり借金を抱えたりしたのが新婦や新郎ではないことが分かるのだが、聴衆をむやみに動揺させないためには、お祝いの席でこういう言い方はしない方がいいだろう。

（1）（2）はいずれも、文の一部分が「より前に現れている言葉に対する述語なのか、より後に現れる言葉を修飾しているのか」で曖昧になる例だ。（2）を例に挙げると、「事業の失敗で借金を抱えたため～考えていた」という部分が、前に現れている「新郎の太郎くんは」に対する述語であるとも解釈できるし、後に現れる「僕」を修飾する「連体節」の一部としても解釈できる。

連体節というのはあまり耳慣れない言葉かもしれないが、例としては「太郎が買った車」「花子を虜《とりこ》にしたアイドル」「太郎が花子と新婚旅行で行った熱海」などの表現の中の「太郎が買った」「花子を虜にした」「太郎が花子と新婚旅行で行った」という部分が挙げられる。つまり「車」「アイドル」「熱海」といった名詞の前にくっついている、「なんか文っぽいもの」が連体節だと考えていただけるといい。くわしくは後で説明する。

「新郎の太郎くんは～」の二つの解釈に対応する構造は、前頁の［図2］のとおりである。この例では、「僕」が現れた時点で、「事業の失敗で借金を抱えたため～」が「僕」を修飾する連体節であるという解釈が適切であることが分かるが、最初に私たちの頭に浮かぶのはもう一方の「少しぎょっとする」解釈だ。先ほど述べたように、私たちは文の始めから順番に言葉を追って行くとき、新しく出てきた語句を、それよりも前の要素に優先的に結びつけようとする。つまり「事業の失敗で借金を抱えたため～」を、先に現れている「新郎の太郎くんは」に結びつけて解釈してしまいがちだ。私たちが文の構造を見極めようとするときの癖が、こういった「ぎょっとする」感覚を生み出しているわけだ。文章を書くときには、こういった点にも気を配った方がいいかもしれない。

## 離れた単語どうしの関係

次の例の気持ち悪さは、いったい何に由来しているのだろうか？　考えてみよう。

（1）地球温暖化に関するレポート
もし地球の平均気温が今よりも1．5度上昇したところを想像してみよう。その場合、アマゾンの熱帯雨林が消滅し、シベリアの凍土が溶け、気温上昇が止まらなくなる。そんなことになる前に、どうやって二酸化炭素の排出量を減らし、温暖化をストップすることを考えるべきだ。

（2）AさんとBさんの会話
Aさん「どうしたんですか？　目の下にクマができてますよ」

Bさん「いや〜、昨日さ、子供の夜泣きがひどかったせいで、ろくに睡眠不足なんだよね」

これらは、私が実際に見聞きしたことのある「形の上で不自然な文」を、元ネタが分からない程度に改変したものだ。これらの不自然な文は、どのように直したら自然な文になるだろうか。

まず（1）について考えよう。この例で最初に目に付くのは、一文目の「もし地球の平均気温が今よりも1．5度上昇したところを想像してみよう」だ。これを自然な文に直す案としては、以下のようなものが挙げられる。

「もし地球の平均気温が今よりも1．5度上昇したら、何が起こるかを考えてみよう」（「たら」等を追加）
「地球の平均気温が今よりも1．5度上昇したところを想像してみよう」（「もし」を削除）

これら以外にもさまざまな案があると思うが、「もし」を入れたままで訂正する場合は、同じ文の中に「たら」「ならば」のような「仮定を表す言葉」が入ることと思う。つまり一文目が気持ち悪いのは、「もし」が出てきているのに、後の方に「たら」「ならば」などが見つからないという理由による。

（1）の中にはもう一つ、不自然な文がある。三文目の「そんなことになる前に、どうやって二酸化炭素の排出量を減らし、温暖化をストップすることを考えるべきだ」だ。これを自然な文にする案としては次のようなものがある。

「そんなことになる前に、どうやって二酸化炭素の排出量を減らし、温暖化をストップするかを考えるべきだ」（「か」等を追加）

「そんなことになる前に、二酸化炭素の排出量を減らし、温暖化をストップすることを考えるべきだ」（「どうやって」を削除）

右に見られるように、「どうやって」という言葉を抜かずにこの文を訂正する場合は、同じ文の中に疑問を表す助詞「か」を入れることになる。「どうやって」とか「何」「どこ」「誰」のような言葉（疑問詞）を含む文は、その後のどこかに疑問を表す助詞「か」を含んでいなければ不自然になる。私たちの頭の中には、「疑問詞があれば、そのあとのどこかに『か』がある」という知識が入っているため、（1）の三文目を不自然だと感じるのだ（ただし、これはつねに成り立つわけではない。くわしくは後で説明する）。

では、（2）の会話についてはどうだろうか。この中で引っかかるのは、Bさんの発言の中の「ろくに睡眠不足」という箇所だろう。Bさんの言いたいことが「ほとんど寝ていない」ということであるのは明らかだが、この部分に違和感を覚えて「ろくに寝ていないんだよね」と直したくなる人は多いと思う。

ここで浮き彫りになる「私たちの無意識の知識」は、「『ろくに』という表現が来ると、後の方に『〜ない』のような否定表現が出てこなければならない」、というものだ[9]。さらに注意すべきは、これが「意味の上での話」ではなく、「形の上での話」であることだ。「睡眠不足」と「寝ていない」は意味的には似ており、「睡眠不足」という言葉の中にも否定の意味は入っている。しかし「ろくに」という言葉によって要求されるのは、単に否定の意味を持った言葉が出てくることではなくて、否定表現の「ない」そのものが出てくることだ。この知識を頭の中に持っている私たちは、「ろくに」という言葉を見ると、後の方に「ない」が現れるのを期待する。そして出てこないと「なんか気持ち悪い」と感じるわけだ。

ここに挙げた例以外にも、「この言葉が来たら、いずれこの言葉が来なければならない」という関係を持った表現のペアはいろいろある。一部を次に挙げておこう。

- 「たとえ」と「にせよ」「ても」「って」「であれ」「にしろ」など
  たとえ冗談にせよ
  たとえどんなに離れていても
- 「あまり」「何も」「人っ子一人」「びた一文」などと「ない」
  あまり美味しくない
  人っ子一人通らない
  びた一文出さない

このように、私たちは相手の言葉を聞きながら、無意識に「これが来たら、いずれこれも来るはず」といった「先読み」をしているし、自分たちが言葉を話したり書いたりするときも、原則としてその知識に従っている。

「だったら、なぜ（1）や（2）のような文を言ったり書いたりしてしまうのだろうか？」と疑問に思われるかもしれないが、それは私たちの注意力と記憶力に限界があるからだ。私たちは、自分の言おうとしていたことをど忘れしたり、途中で言いたいことを変えたりするせいで、おかしな句や文を発してしまうことがある。とりわけ、内容をリアルタイムに考えながら言葉を発するときは、途中で構文が変わるなどして不自然な文になることが多い。そのような場合でも、後で自分の言ったことや書いたことを慎重に見返せば、不自然な部分に気づくことができる。そのように、自分の言葉をじっくりと振り返るときにこそ、文法の知識を意識的に働かせることが役に立つのだ。

## 文の中核——述語と名詞句

「文とは何か？」という問いにすっきりとした答えを与えるのは、けっこう難しい。誰でも真っ先に思いつくのは、「句点（。）で終わるのが文」のように、区切り文字を使った定義だろう。しかしこれに対しては、「じゃあ、『モーニング娘。』は文か？」と反論されるのがお約束である。

区切り文字でうまく定義できないとなると、「主語と述語からなるのが文」のように、文の中に含まれているべきものを使って定義するという手がある。しかし、これも簡単ではない。実際、「太郎がパンを食べた」のように、主語だけでなく目的語が必要な場合もある。そこで「じゃあ、主語と目的語と述語からなるのが文」と言えば、「太郎は花子の言葉を右から左へ受け流した」はどうするんだ、ということになる。さらに言えば、「太郎には英語が分かる」とか、「象は鼻が長い」のように、どれが主語でどれが目的語なのかはっきりしない文もある。

文というものを厳密に定義するには文法の理論が必要であり、そういった理論を作るのも理解するのも簡単なことではない。ただ、「文が文であるために最低限必要なものは何か」とか、「文の中核をなすのは何か」などといったことを考えると、それは述語（「〜だ」「〜する」等）と、それが必要とする名詞（句）（「〜が」「〜に」「〜を」等）であると言える。そしてやっかいなのは、述語が必要とする名詞句がいくつあり、それぞれがどんな名詞句なのかが、述語によって異なるということだ。

私たちは母語の述語——つまり「食べる」「来る」のような動詞や、「美しい」「近い」のような形容詞や、その他「必要だ」「元気だ」「学生だ」などといった個々の表現がそれぞれどんな名詞句をいくつ必要とするかについて、膨大な知識を持っている。次の問題を見ていただきたい。

**【問題】**あなたは街を歩いていて、友人に会った。会うなり友人が、あなたに（1）〜（5）のように言ったとする。何の話をされているのかよく分からないあなたは、真っ先にどのように反応するだろうか？（a）〜（j）から、必要なだけ選んでみてほしい。

（1）「そうそう、そういえばさ、こないだ、食べてたよ」
（2）「そうそう、そういえばさ、こないだ、会ってたよ」
（3）「そうそう、そういえばさ、こないだ、来てたよ」
（4）「そうそう、そういえばさ、こないだ、もらってたよ」
（5）「そうそう、そういえばさ、こないだ、食事してたよ」

（a）「誰が？」
（b）「何を？」
（c）「どこで？」
（d）「いつ？」
（e）「どこに？」
（f）「誰に？」
（g）「誰と？」
（h）「誰から？」
（i）「なぜ？」
（j）「どうやって？」

真っ先に出てくる反応は、おおよそ次のようになると思う。

(1) の「食べてたよ」——「誰が、何を?」(つまり (a) と (b))
(2) の「会ってたよ」——「誰が、誰に?」(a) と (f))、あるいは「誰が、誰と?」(a) と (g))
(3) の「来てたよ」——「誰が、どこに?」(a) と (e))
(4) の「もらってたよ」——「誰が、何を、誰に?」(a) と (b) と (f))、あるいは「誰が、何を、誰から?」(a) と (b) と (h))
(5) の「食事してたよ」——「誰が?」(a))

実は、ここで真っ先にあなたが聞き返すことが、「述語が文中で必要とする名詞句」に相当する。たとえば、(1) の「こないだ、食べてたよ」に対して「誰が、何を?」と聞き返すのは、「食べる」という述語が「食べた人」を表す名詞句と「食べられたもの」を表す名詞句を必要としているということである。同様に、(2) の「会う」は「会った人」と「会った相手」を表す名詞句を必要とし、(3) の「来る」は「来た人」と「来た場所」、(4) の「もらう」は「もらう人」と「もらう物」と「くれる人」を必要とする。

ここまでの例を見ると、述語と名詞句の対応は述語の意味から推測できるように感じられるかもしれないが、ここで (5) に注目していただきたい。(5) の「食事する」は、「人が何かを食べる」という行為を表すという点では、（1）の「食べる」と同じだ。しかし、「食べる」が文中に「食べた人」と「食べられたもの」を必要とするのに対し、「食事する」は「食べられたもの」を必要としない。むしろ、「食べられたもの」が実際に文中にあると、次のように不自然な文になる。

私はピザトーストを食事した。（比較：私はピザトーストを食べた。）

意味を考えれば、「食べた」にも「食事した」にも当然、食べる人と食べられるものが関わっているはずだ。それなのに、「食事した」の方が「食べられるもの」を表す名詞句を必要としないというのは、よく考えたら不思議な話だ。

ちなみに、（c）「どこで?」、（d）「いつ?」、（i）「なぜ?」、（j）「どうやって?」を答えに含めた人も多いと思う。もちろん、これらを答えに含めても間違いではない。しかし、これらが少なくとも「真っ先に出てくる反応」ではないことに注意が必要だ。たとえば「こないだ、食べてたよ」に対して、「誰が？　何を?」と尋ねることなく、いきなり「どこで?」とか「いつ?」とか「どうやって?」と尋ねる人はいないだろうし、もし尋ねるとしたら「誰が何を食べていたのか」をすでに知っている場合に限られるはずだ。これは、これらの要素が「食べる」という述語にとって絶対に必要なものではない、ということを示している。「食べる」「会う」などを含め、述語によって表される出来事の多くは、どこかの場所で、どこかの時間に、なんらかの理由で、なんらかの仕方で起こっているはずだ。にもかかわらず、「どこで」「いつ」「なぜ」「どうやって」等を表す言葉は、多くの述語にとって「同じ文中にあってもなくてもよいもの」となる。何か妙だなという気もするが、私たちの頭の中では、なぜかそうなっているのである。つまり、文の中核をなす「述語と名詞句」の関係において重要なのは「形」であり、それは必ずしも「意味」から推測できるとは限らないのだ。

この問題にみられるように、述語に必要とされる名詞句が文中に欠けている場合、聞き手はそれらが何であるか疑問に思い、補うための情報を得ようとする。聞き手がすんなり理解できるような文にするためには、必要な名詞句が文中に揃っているかどうかに注意する必要がある。ただし日本語では、文脈などから明らかなときは、必要な名詞句が文中に出てこなくても許される場合がある。こういったケースについては、後で「ゼロ代名詞」という現象を説明する際にくわしく見る。

## 名詞句と格助詞の組み合わせ

また、述語が必要とする名詞（句）には通常、「が」「に」「を」「から」「と」「まで」などといった助詞が付く。これらのように、名詞句と述語の関係を表す助詞は「格助詞」と呼ばれる。それぞれの名詞句にどんな格助詞が付くかということも、述語によって異なる。次の問題を考えていただきたい。

【問題】次の例の不自然さは、いったい何に由来しているのだろうか？　考えてみよう。

（1）太郎は花子を会った。
（2）太郎は花子をキスした。
（3）花子は太郎に結婚した。
（4）このダムは街を水で供給している。
（5）来月、駅前の広場でイベントが開催します。
（6）私が引越しをしたとき、友達が荷物を運ぶのを手伝ってもらった。

この中には微妙な例もあると思うが、（1）～（4）あたりはかなり不自然だと感じる人が多いと思う。これらの不自然さの原因は、「を」や「に」などの格助詞の使い方にある。（1）と（2）を訂正するとしたら、それぞれ「太郎は花子に会った」「太郎は花子にキスした」のようになるだろう。（1）、（2）は英語を母語とする人が実際にしていた表現だが、これらは“Taro met Hanako.”や“Taro kissed Hanako.”のように、英語の動詞 meet における「会う相手」や kiss における「キスされる人」が前置詞のない目的語で表されることに関係があるかもしれない。

（3）と（4）は、自然な文に直すと「花子は太郎と結婚した」「このダムは街に水を供給している」となる。ちなみにこれらの例は私が作ったもので、それぞれ英語で「～と結婚する」が

get married to、「～に…を供給する」が provide ～ with … であることをヒントにした。私たちは「英語の前置詞の to は日本語の『に』とだいたい同じはず」とか、「英語の前置詞の with は『で』とか『と』と訳せばよかろう」と思いがちだが、そういった対応がつねに成り立つとは限らない。

実のところ、それぞれの言語において、述語がどのような名詞句をいくつ必要とし、それらの名詞句にどのような格助詞（英語などの場合は前置詞）が付くかというのは、述語によってまちまちであり、意味から推測できるとは限らない。

だからこそ、私たちは外国語で自然な文章を書けるようになるまで苦労する。逆に言えば、日本語を母語とする人が（1）～（4）の文を「不自然だ」と感じ、自然な文をすぐに思い浮かべられるのは、日本語の述語と名詞句と格助詞の組み合わせについて膨大な知識を持っているからに他ならない。

ただし、日本語を母語とする人がこういった不自然な文を言ったり書いたりしないとは限らない。（5）と（6）の文は、実際に私が聞いたことのある例である。おそらく、（5）の「イベントが開催します」を口にした人はもともと、いわゆる「受動態」の形で「イベントが開催されます」と言いたかったのだろう。「開催する」という動詞は、能動態では「開催されるもの」に「を」が付くが、受動態になるとそれが「が」に変化する。つまり、同じ述語で同じ出来事を表現する場合でも、能動態か受動態かによって格助詞が変わってくる。

イベントを開催します。（能動態）
↓
イベントが開催されます。（受動態）

つまり（5）は、受動態を使うつもりで「イベントが〜」と始めたのに、何かのはずみで述語が能動態の「開催します」に変わってしまった文だと考えられる。

能動態と受動態以外にも、格助詞が変わる要因はある。たとえば（6）の「友達が荷物を運ぶのを手伝ってもらった」で悪さをしているのは「友達が」という部分だ。述語が「〜してもらう」である場合は、「してくれる人」を表す名詞には「が」ではなく「に」が付く。しかし、もしこれが「友達が荷物を運ぶのを手伝ってくれた」であれば何の問題もない。おそらく（6）のように言った人は、「友達が荷物を運ぶのを手伝ってくれた」と言うつもりだったのに、「〜手伝ってもらった」と続けてしまったのだろう。

友達が荷物を運ぶのを手伝ってくれた。
↓
友達に荷物を運ぶのを手伝ってもらった。

こんなふうに、たとえ述語が同じでも「能動態か受動態か」とか、「最後に来るのが『〜してくれる』か『〜してもらう』か」などといった要因で、使うべき格助詞が変わる場合がある。

## 文の中の「文っぽいもの」——従属節

文の中には、その内部に「文っぽい部分」を含んでいるものがある。たとえば、「太郎は花子が結婚していることを知っている」「花子は太郎が言語学者になったと話していた」「太郎が買ってきたパンはまずい」などの文は、その内部に「花子が結婚している」「太郎が言語学者になった」「太郎が買ってきた」といった、文っぽいものを含んでいる。

言語学では一般に、「文っぽいもの」を「節（clause）」と呼ぶ。文の中で一番外側にある節は「主節（main clause）」と呼ばれ、その内側に含まれる節は「従属節（subordinate clause）」と呼ばれる。次の例では、［ ］の中身が従属節で、その外側の部分が主節だ。三つ目の例で「パン」を修飾している「太郎が買ってきた」は、すでに見た「連体節」だが、これも従属節の一種だ。

太郎は［花子が結婚している］ことを知っている。
花子は［太郎が言語学者になった］と話していた。
［太郎が買ってきた］パンはまずい。

従属節にもさまざまなタイプがあるが、ここで重要なのは、主節と従属節の違いや、従属節の種類の違いなども、すべて私たちの頭の中に入っているということだ。それを示す例に、以下のようなものがある。どれも気をつけて読むと気持ちの悪い文だと思う。

（［ ］の中が従属節）

（1）妻は夫に、［昨晩どこへ行っていた］を訊ねた。

（2）妻は夫に、［昨晩どこへ行っていたの］を訊ねた。

（3）夫は昨晩、行きつけのバーで［同僚は奢ってくれた］酒を飲んでいた。

（4）妻は渋谷で、［夫は見知らぬ女性と一緒に歩いている］のを見かけた。

（1）（2）の不自然さについては、先ほど見た「疑問を表す言葉（疑問詞）を含む文には『か』が含まれなくてはならない」ということを思い出していただけるといい。これらには「どこ」という疑問詞が含まれているにもかかわらず、後の方に「か」が見当たらない。それが不自然さの原因だ。

しかし、以下の文はどうだろうか。

昨晩どこへ行っていた？

昨晩どこへ行っていたの？

これらの文は、（1）（2）の従属節「昨晩どこへ行っていた」「昨晩どこへ行っていたの」を取り出して、主節（つまり、独立した文）にしたものである。これらには、（1）（2）に見られるような不自然さがない。つまり、先ほど見た「疑問詞を含む文は、助詞『か』を含んでいる必要がある」という法則性は、従属節には当てはまるが、主節には必ずしも当てはまらないということだ。

（3）（4）については、次のように直したくなった人が多いのではないだろうか。

夫は昨晩、行きつけのバーで［同僚が奢ってくれた］酒を飲んでいた。
妻は渋谷で、［夫が見知らぬ女性と一緒に歩いている］のを見かけた。

つまり先の（3）（4）で悪さをしているのは「は」という助詞だ。「は」には、その文で何が話題になっているのかを表す「主題の用法」があり[10]、この用法の「は」は一部の従属節の中では座りが悪くなる傾向がある[11]。しかし、次に見られるように、主節の中ではたいてい問題なく現れる。

同僚は酒を奢ってくれた。
夫は見知らぬ女性と一緒に歩いていた。

以上のように、私たちは主節と従属節を無意識に区別しており、片方では許すことをもう片方では許さなかったりする。ただし、従属節と一口にいってもさまざまなタイプのものがある。中でも、「と」を伴い、人が言ったことや思ったことを引用するタイプの従属節は、主節とよく似た性質を持つ。そういった従属節の中では、次に見られるように、疑問詞は必ずしも「か」と一緒に現れなくていいし、主題の「は」が現れても問題ない。こういった従属節のタイプの違いも、私たちは無意識に認識しているようだ。

妻は夫に、「昨晩どこへ行っていたの」と訊ねた。
妻は、「夫は見知らぬ女性と一緒に歩いていた」と証言した。

また、従属節に関して気をつけなくてはならないポイントとして、自分や他人の言葉の中に「主節の要素なのか、従属節の要素なのか分からないもの」が入っていないか、というものがある。次の問題を見ていただきたい。

【問題】政治家のA氏が、誰かから不正に五百万円を受け取っていたことが明らかになった。しかし、誰がA氏にお金を渡したのかは分からない。A氏と近い間柄にあるB氏に報道陣が詰め寄り、「A氏の件について、あなたは前々から把握していたんですか?」と質問した。するとB氏はこう答えた。

B氏「ええ、私は十月二日にC氏からA氏が五百万円を不正に受け取ったと聞いていました」

この発言を受けて、「A氏に五百万円を渡したのはC氏！『十月二日に献金があった』とB氏が明かす」という見出しで大々的な報道がなされたが、B氏は「そんなことを言った覚えはない」と反論した。

B氏はどういうつもりで、このような発言をしたのだろうか？

簡単すぎると思うので答えを言ってしまうと、B氏は以下のような内容を口にしたつもりだった。

私は十月二日に、C氏からこう聞いていました。「A氏が五百万円を不正に受け取った」と。

つまり、十月二日というのはB氏が事件のことを聞いた日付のことで、C氏はB氏に事件のことを教えた人だったわけだ。

問題の中の誤解は、B氏の発言の中の「十月二日に」および「C氏から」が、主節の要素なのか従属節の要素なのか曖昧であることに由来する。

私は十月二日にC氏から［A氏が五百万円を不正に受け取った］と聞いていました。（B氏の本来の意図：「十月二日にC氏から」が従属節の外（主節）にある解釈）

私は［十月二日にC氏からA氏が五百万円を不正に受け取った］と聞いていました。（誤解された内容：「十月二日にC氏から」が従属節の中にある解釈）

この手の曖昧性は日常でも頻繁に見られる。主節の要素か従属節の要素かがよく分からない部分を作らないようにするには、語順を工夫したり、文を切り分けたりするのが有効だ。たとえば先ほどの例も、次のように言えば曖昧さが解消される。

（語順を変える例）

私は［A氏が五百万円を不正に受け取った］と十月二日にC氏から聞いていました。

（文を切り分ける例）

私は［A氏が五百万円を不正に受け取った］と聞いていました。教えてくれたのはC氏で、十月二日のことです。

自分が書いた文でも他人が書いた文でも、どこからどこまでが従属節なのかよく分からなくなるケースはわりと多い。文の中で従属節を特定する方法は、第三章でいくつか紹介するのでご覧いただきたい。

### ゼロの要素を復元する

私たちが文脈に沿って言葉を理解する際には、単語の意味や文の構造以外にもさまざまなことを考慮に入れなければならない。中でもやっかいなのが、「言葉に現れない部分の解釈」だ。

【問題】以下の各文には、いくつかの異なる解釈がある。少なくとも二通り挙げてみよう。

（1）私ね、この前、子供を連れて海に行ったの。そしたら次の日に風邪を引いちゃって。日曜で病院も閉まってたから、困ったわ〜。

（風邪を引いたのは誰だろう。）

（2）鈴木さんは、その女性を子供の頃から知っていた。

（知り合った時に子供だったのは、鈴木さんだろうか、それとも女性だろうか？）

（3）私、この前、佐藤さんが好きな人に会ったよ。

（誰が誰を好いているのだろうか？）

答えを見ていこう。まず（1）では、風邪を引いたのが「私」（つまり話し手）であるという解釈と、「子供」であるという解釈の二つが可能だ。またそれらに加えて、「子供と私の両方」という解釈も考えられるし、あるいはそれより前の文脈で話題になっていた別の人（たとえば話し手の夫とか）という解釈もできなくはない。ここで注目していただきたいのは、「風邪を引いた」のが誰であるかが、目に見える形で文の中に現れていないことだ。つまり、「誰々が次の日に風邪を引いちゃって」のような言い方がなされていない。

このような現象は「ゼロ代名詞」と呼ばれ、日本語に顕著な現象としてよく取り上げられる。なぜそのように呼ばれるかというと、この現象に対する考え方の一つに、「音声を持たない代名詞がある」、とするものがあるからだ。つまり、「次の日に風邪を引いちゃって」の前に「誰々が」にあたる「音声的にゼロの代名詞」があるとする考え方だ。

そしたら、（誰々が）次の日に風邪を引いちゃって。

私たちは普段、ゼロ代名詞の内容を補いながら言葉を理解している。たとえば、一人暮らしを始めた頃に親から「あんた、ちゃんと食べてるの？」と聞かれ、「食べてるって。うるさいな」などと答えてしまう人は多かろう。この「食べてるって。うるさいな」には、以下のような「音声として現れない部分」がある。

（私は）（ご飯を）食べてるって。（お母さんは）うるさいな。

つまりこの例では、「食べてる」および「うるさい」と共に現れて文をなすべき名詞句（つまり、「食べてる」や「うるさい」といった述語が必要とする名詞句）がゴッソリ「見えなく」なっている。それでも、聞き手はこういった文を難なく理解することができる。ただし先の（1）のように、見えない部分についての手がかりが少ない例では曖昧さが残ってしまう。

（2）の「鈴木さんは、その女性を子供の頃から知っていた」については、次のような解釈がある。

（解釈1）鈴木さんは、その女性を［（鈴木さんが）子供の頃から］知っていた。

（解釈2）鈴木さんは、その女性を［（その女性が）子供の頃から］知っていた。

つまり「子供の頃」というのが、「誰の子供の頃」のことなのかという点で、二通りの解釈が出てくる。ちなみに、いずれかの解釈がしづらいと言う人は次の例を見ていただきたい。これらでは、それぞれの解釈がしやすいのではないかと思う（傍線部が（2）にあたる）。

（解釈1がしやすい例）

鈴木さんは、その女性を子供の頃から知っていた。だから鈴木さんは、彼女に会うと必ず自分の幼少時の思い出を語った。

（解釈2がしやすい例）

鈴木さんは、その女性を子供の頃から知っていた。だから鈴木さんは久しぶりに彼女に会い、すっかり大人になったことに驚いていた。

（3）の「佐藤さんが好きな人に会ったよ」も、「見えない部分」をどう解釈するかによって曖昧さが生じる例だ。ただし、この場合の「見えない部分」はゼロ代名詞ではなく「関係節内の空所」である。「見えない部分」にも、実はさまざまな種類がある。

関係節というのは、名詞を修飾する従属節（つまり連体節）の一種だ。関係節の多くは、修飾先の名詞に対応する「空所」を内部に持つ[12]。たとえば「太郎が憧れている人」という表現では、「太郎が憧れている」という関係節が、修飾先の名詞「人」に対応する空所（次の「誰々に」の部分）を内部に持っている。

（対応）

［太郎が（誰々に）憧れている］人

私たちは関係節を見たり聞いたりするたびに、「修飾先の名詞に対応する空所」が関係節内のどこにあるかを考えながら解釈している。しかし、（3）の「佐藤さんが好きな人」のように曖昧な例もある。この例は、誰が誰に好かれているか、つまり誰が「好き」の主体で、誰が対象かという点で二通りの解釈がある。一つは、「佐藤さんが好いている人」と同じ解釈、つまり「好いている側」が「佐藤さん」で、「好かれている側」が修飾先の「人」であるような解釈だ。そしてもう一つは、「佐藤さんを好いている人」と同じ解釈、つまり「好いている側」が「人」で、「好かれている側」が「佐藤さん」であるような解釈だ。

このような曖昧性があるのは、「好きだ」を含む文に、「誰々が、誰々が好きだ」という言い方があるからである。この言い方では、「好いている側」にも「好かれている側」にも同じ「が」が付いている。よって、「佐藤さんが好きな人」の「佐藤さんが」は、好いている側なのか好かれている側なのか分からない。そしてそれに伴い、言葉に現れない「空所」の方も、どちらなのか分からなくなるのである。

佐藤さんが好きな人

［佐藤さんが（誰々（好かれている側）が）好きな］人　＝「佐藤さんが好いている人」

［（誰々（好いている側）が）佐藤さんが 好きな］人　＝「佐藤さんを好いている人」

以上のように、文の中に「言葉に現れない部分」がある場合には、文はたいてい曖昧になる。

曖昧さによる誤解が起こらないようにするためには、文脈の中に「言葉に現れない部分」を補うための手がかりが十分あるかに気をつける必要がある。
ただし、言葉に現れない部分の解釈が、意味や常識によってそれなりにかっちりと決まるケースもある。次の問題を見ていただきたい。

【問題】次の例では、誰が誰に借金を返すのだろうか？

（1）太郎が花子に、借金を返すことを約束した。
（2）太郎が花子に、借金を返すことを要求した。

（1）の方では、お金を返すのは太郎であり、受け取るのは花子だ。これに対し（2）の方では、お金を返すのは花子で、受け取るのは太郎というふうに、関係が逆になる。これは、従属節の中にある「言葉に現れない主語」が、（1）では「太郎が」、（2）では「花子が」になっているということを示している。

（1）の解釈
太郎が花子に、[（太郎が）借金を返す」ことを約束した。

（2）の解釈
太郎が花子に、「（花子が）借金を返す」ことを要求した。

なぜこのような違いが生じるのか。それは、「約束する」の場合、約束の内容は「約束する」の主体（つまり、「～が」によって表されている者）が履行するものであり、他方、要求の内容は、「～に」によって表されている者が行うものであるからである。つまり、「約束する」「要求する」という言葉についての知識が解釈を決めているのである。

**「海賊王に俺はなる」――かきまぜ現象**

よく知られているように、日本語の語順は「述語が最後に来る」ということは決まっているものの、「が（は）」「に」「を」などの付く名詞（句）の語順にはかなりの自由度がある。以下に見られるように、同じ意味を述べる文にも、名詞（句）の語順によってバリエーションがある。

（1）a．俺は海賊王になる。
b．海賊王に俺はなる。

このように、「～が（は）」「～に」「～を」などが比較的自由な語順で現れることを、言語学では「かきまぜ現象（scrambling）」と呼び、かきまぜ現象のみられる文を「かきまぜ文」と呼ぶ。おそらく（1）bは、日本で一番有名なかきまぜ文ではないだろうか（よくご存じない方のために申し上げておくと、これは人気漫画『ONE PIECE』の主人公ルフィの台詞である。私自身『ONE PIECE』は読んだことがないのだが、この台詞だけは知っている）。

かきまぜ現象は、多くの言語学者を惹きつけてきた現象だ。とくに「どんな『かきまぜ』が、どの程度許されるのか」ということは、大きな問題の一つである。この点は、言語学者でなくとも多くの人に関係があるかもしれないので、簡単に解説しておこう。

たとえば次の（2）（3）（4）のペアはどれも（1）と同じく、aでは「〜は〜に」という語順になっており、bではそれが「〜に〜は」に入れ替わっている。それぞれのペアに対して、皆さんはどのように感じられるだろうか？

（2）a. 俺は海賊王になりたいと思っている。
　　b. 海賊王に俺はなりたいと思っている。

（3）a. 俺は海賊王になる夢を追いかけている。
　　b. ?海賊王に俺はなる夢を追いかけている。

（4）a. 俺は海賊王になる夢を追いかけた後、地元に戻った。
　　b. *海賊王に俺はなる夢を追いかけた後、地元に戻った。

これらの例には、私個人の印象を「?」や「＊」といった記号で記している。「?」という記号は、言語学において「すごく変というわけではないが、やや不自然」という感じを表すのに使われる。「＊」は「?」よりも強い、かなり受け入れがたい不自然さを表す。これらは以下でも使っていくので、覚えておいていただきたい。

さて、（2）a、bについては、私同様、どちらも問題ないと思う人がほとんどだろう。それに対し、（3）については「?」の記号で示したとおり、私自身はbがやや不自然だと思う。しかし、「意味は分かるし、別に問題ないよ?」と言う人がいてもおかしくない。しかし（4）bについては、私と同じく、強い違和感を覚える人が多いのではないだろうか。つまり各例のbについては、（2）b、（3）b、（4）bの順に不自然さが強くなっていくと思う。

ここで注目すべきは、（1）では「俺は」と「海賊王に」がともに主節の要素であるのに対し、（2）～（4）では「俺は」は主節の要素で、片や「海賊王に」は従属節の要素だということだ。

前に説明したように、従属節というのは文の中に埋め込まれた「文っぽい部分」のことであり、主節はそれ以外の部分だ。（2）aでは「海賊王になりたい」の部分が「と」によって導かれる従属節であり、（3）aでは「海賊王になる」の部分が「夢」を修飾する連体節だ。（4）aでも「海賊王になる」の部分は連体節だが、さらにそれを含む「海賊王になる夢を追いかけた」全体も「後」という表現によって導かれる従属節となっている。つまり（2）bと（3）bと（4）bの「海賊王に」はいずれも従属節の要素であるにもかかわらず、主節の要素である「俺は」よりも前に現れているのである。別の言い方をすると、（2）bと（3）bと（4）bでは、主節と従属節の境界をまたいだ「かきまぜ」が起こっていることになる。

（2）の例

俺は［海賊王になりたい］と思っている。

⇔（「俺は」と「海賊王に」の語順を入れ替え）

海賊王に 俺は［なりたい］と思っている。

（3）の例

俺は［海賊王になる］夢を追いかけている。

⇔（「俺は」と「海賊王に」の語順を入れ替え）

海賊王に 俺は［なる］夢を追いかけている。

（4）の例

俺は［［海賊王になる］夢を追いかけた］後、地元に戻った。

⇔（「俺は」と「海賊王に」の語順を入れ替え）

海賊王に 俺は［［なる］夢を追いかけた］後、地元に戻った。

このように、同じ「主節と従属節の境界をまたいだかきまぜ」であっても、比較的自然な場合と不自然な場合がある。

また、ここまでに見た例は「従属節の中のものを前方に持っていくタイプのかきまぜ」だったが、逆に従属節の中のものを後ろに持っていくとかなり不自然になることが知られている。たとえば先ほどの（2）では、「海賊王に」を前に持っていってもあまり不自然にはならなかったが、後ろに持っていくと非常に不自然に感じられる。

俺は［海賊王になりたい］と思っている。

⇔（「海賊王に」を「なりたいと」よりも後に持っていく）

*俺は［なりたいと］海賊王に 思っている。

このように、語順を変えるときの方向によっても、文の自然さ・不自然さが左右される。

また、次のように、名詞句の中から外へ「〜の」を抜き出すような「かきまぜ」も不自然だと感じられやすいことが知られている（たとえ不自然に感じられない場合でも、たいていは意味が変わってしまう）。

私は［太郎の妹］に会った。

⇔（「太郎の」と「私は」の語順を入れ替え）

＊太郎の 私は ［妹］ に会った。

駅前で ［新しいビルの建設］ が進められている。

⇔（「駅前で」と「新しいビルの」の語順を入れ替え）

＊新しいビルの 駅前で ［建設］ が進められている。

このように、「語順が自由」といっても完全に自由なわけではないということは、日常的に言葉を使う上で知っておいた方が良いかもしれない。不自然な「かきまぜ」は、話し言葉には頻繁に現れるし、文章を書くときにも意外とやってしまうものだ。文章を直すときなどに、自分がどんな「かきまぜ」をしているかに注意すれば、読む人にとって分かりにくいポイントが見つかることがある。とくに、ここで見たような

- 従属節の境界を越えたかきまぜ
- 名詞句の境界を越えたかきまぜ

は、多くの場合、読む人の頭に負荷をかけてしまう。これらを極力避けるようにすれば、読みやすさがかなり変わってくるはずだ。

以上、第一章と第二章では、私たちが持っている無意識の言語知識について見てきた。その量

がいかに膨大であり、多岐にわたるかを実感していただけただろうか？　これまでに紹介してきた現象は、言語学が対象とする現象のうちのほんの一部だが、どれも私たちの日常によく見られるものだ。ここまで書いてきたことを通じて、意味解釈や文の自然さを支配する「構造」や「法則性」の存在を皆さんに実感していただき、「自分の言葉を意識的に見つめることの効用」を少しでもお伝えできたならば、ここまでの目的はとりあえず果たせたと言える。次の第三章ではさらに歩みを進めて、言葉に関する無意識の知識を「分析する方法」について見ていく。

# 第三章　言葉を分析する

第一章と第二章では、普段の生活でありがちな「コミュニケーションの失敗例」や「どこかしら変な文」の事例の数々を見ながら、私たちの「無意識の言語知識」を探ってきた。これまでに挙げたポイントを押さえるだけでも、普段使う言葉の曖昧さや不自然さにかなり敏感になれるはずだ。

しかし、皆さんの中には自分でさらに無意識の知識を探ってみたい、そのためにどうすればいいかを知りたい、という方がいらっしゃるかもしれない。そのような方々のために、ここでは言語学流の「言葉の分析の仕方」を簡単にご紹介したい。以下で紹介する各種の方法は、理論言語学において、理論や仮説を立てる前段階の簡単な分析や予備実験に使われるものだ。ある意味、「試薬」のようなものと考えていただけるといいかもしれない。

最初にお断りしておくが、以下に挙げる方法はどれも万能ではない。例外があるし、そもそも適用できないケースも多いからだ。しかし、「個人が自分の言葉を振り返るときに参考にする」ということであればそれほど害もないと思う。ただしくれぐれも、他人の言葉にケチをつけるのに使ったり、「言語学者が勧める驚きのメソッド！」などと称して人に売りつけたりすることのないように気をつけていただきたい。映画のＤＶＤなどと同じく、あくまで「個人で気軽に楽しむ」範囲でお使いいただければ幸いである。

## 曖昧性を分析する

まずは、言葉を使う上でたびたび問題になる「曖昧性」を分析する方法について見ていこう。第一章で、ほとんどの単語が多くの語義を持っていること、つまり多義性を持っていることを見た。ある単語にどのような語義がいくつあるかとか、今見ている単語がどの語義で使われているのかなどを調べるには、辞書を引くのが手っ取り早い。しかし、辞書を引く前にある程度自分で当たりをつけることもできる。

たとえば、「という」という言葉には多くの語義がある。確か、大学入試の国語の問題にも「という」に関する問題が出ていたと記憶している。おおよそ次のような形式の問題だったと思うので、試しに考えてみていただきたい。

【問題】例文の「という」に一番近い「という」は、（1）〜（4）のうちどれだろう。

（例文）山田さんは、もし救助が遅れていたら自分の命はなかったかもしれないという。

（1）風で、雨戸がガタガタという。

（2）三日間何も食べていないという人に食べ物をあげた。

（3）あの人は山田という。
（4）今日という今日は許しませんよ！

おそらく多くの方が、（1）～（4）を見るだけで「ああ、同じ『という』でもいろいろあるな」と感じられると思う。しかし、具体的にどう違うかを明確に示すには、「置き換えテスト」を使うのが有効だ。

たとえば例文の「山田さんは、もし救助が遅れていたら自分の命はなかったかもしれないという」の意味をできるだけ保ったまま、「という」を他の言葉に置き換えるとしたら、どんな言葉を使えばいいだろうか？　すぐに候補に挙がるのは、おそらく「と話す」とか「と述べる」あたりだろう。実際に例文の「という」を「と話す」に置き換えてみると次のようになる。これは元の意味をおおよそ保っていると言える。

山田さんは、もし救助が遅れていたら自分の命はなかったかもしれないと話す。

ここで、同じ置き換えを選択肢の（1）～（4）についてもやってみよう。すると、次のようになる。

（1′）＊風で、雨戸がガタガタと話す。

（2′）三日間何も食べていないと話す人に食べ物をあげた。
（3′）＊あの人は山田と話す[13]。
（4′）＊今日と話す今日は許しませんよ！

こんなふうに、（2′）以外は意味不明になってしまうので、（2）の「という」が例文のそれに一番近いということが分かる。

では、（1）（3）（4）の「という」はどんな語義を持っているのだろうか？　ここでも、「意味を保ったまま、他の表現に置き換えてみる」という方法が使える。たとえば（1）の「ガタガタという」は「ガタガタと鳴る」に置き換えられるし、（3）の「山田という」は「名前が山田である」に置き換えられる。（4）の「今日という今日」は置き換えるものを見つけるのが難しいので、これはもう「この形で固定した表現」、つまり慣用句ではないかと想像がつく。こんなふうに自分の頭の中を探っていくことによって、「この表現はどんな語義で使われているのか」をある程度推測することができる。

練習として、もう一つ似たような問題を考えてみよう。「する」も多くの語義を持った言葉だが、次の（1）〜（4）の「する」は、どのように違うだろうか？

（1）私は定期的に上腕二頭筋のトレーニングをする。
（2）なんか、頭痛がするんですけど。

（3）えっ！　その服、十万円もするの？
（4）彼女は、男好きのする顔をしている。

「する」と言えば、「行う」とか「実行する」とか「やる」という言い換えがすぐに頭に浮かぶ。しかし、それらの言葉に違和感なく置き換えられるのは、右の例では（1）のみだ。（2）を「頭痛が行うんですけど」にしたら変だし、（3）を「十万円も行うの？」にしても不自然だ。（4）は「する」が二つ出てきているが、どちらも「行う」には置き換えづらい。置き換えると、「男好きの行う顔を行っている」のようになってしまう。

（2）の「する」を他の語で置き換えるとしたら、「感じられる」あたりが適当だろう。しかし（3）や（4）の「する」はこれに置き換えられない。実のところ、（3）の「十万円もする」や（4）の「男好きのする」は他の表現に置き換えづらい。（4）の「～顔をしている」は、あえて置き換えるなら「～顔である」あたりだろうか。

ちなみに、このテストを使うにあたっては、あまり正確な言い換えを考える必要はない。重要なのは「自分が無意識に感じとっている語義の違いを探る」ことなので、ゆるく置き換えをやっていって、ある程度違いが分かったら辞書を引いて確認すればいい。

置き換えテストは、辞書に書かれていない曖昧性を確認するのにも使える。たとえば次の二つの文には「富士山の高さ」という言葉が出てきているが、意味が異なる。この手の曖昧性は、辞書には書かれていない。

（1）この飛行機の今の高度は、ちょうど富士山の高さぐらいだ。
（2）大きな地殻変動があれば、富士山の高さも変わるかもしれない。

これらの意味の違いは、「富士山の高さ」を「3776m」という具体的な数値に置き換えるとはっきりする。

（1′）この飛行機の今の高度は、ちょうど3776mぐらいだ。
（2′）?大きな地殻変動があれば、3776mも変わるかもしれない。

（1′）は元の文とほとんど意味が変わらないが、（2′）の「3776mも変わる」は意味不明だし、元の文と明らかに意味が異なる。これは、「富士山の高さ」という句に、具体的な数値を表す場合とそうでない場合があることを示している。よりくわしく言えば、（1）は飛行機の高度を表現するために富士山を引き合いに出しているだけなので、数値に置き換えても問題がない。これに対し、（2）は（具体的な数値はともかく）富士山の高さそのものを問題にしているので、数値に置き換えると意味が変わってしまう[14]。

こういった「具体的なものへの置き換え」は、次のようなペアにも使える。

（1）太郎は花子のことを愛している。
（2）太郎は花子のことで悩んでいる。

どちらの文にも「花子のこと」が出てきているが、これを「花子」そのものに置き換えると次のようになる。

（1′）太郎は花子を愛している。
（2′）?太郎は花子で悩んでいる。

「太郎は花子を愛している」が元の文とほとんど意味が変わらないのに対し、「太郎は花子で悩んでいる」はややおかしな文になる。つまり「誰々のこと」という表現には、「誰々」そのものを表す場合と、「誰々に関する諸事情」を表す場合があるということだ。

以上のように置き換えテストは、同じ表現の間の意味の違いを確認するのに使うことができる。時間のある人は、ぜひさまざまな表現で試してみていただきたい。

### 分析例：一般名詞（句）のさまざまな解釈

第一章では、「ヒゲの独裁者」や「B大生」といった一般名詞（句）に曖昧性があることを見たが、一般名詞（句）には他にもさまざまな解釈がある。ここでは置き換えテストの応用問題として、「猫」という一般名詞のさまざまな解釈について考えてみたい。次の（1）～（7）の文には「猫」が含まれているが、どれも異なる解釈を持つ。それぞれについて、どのような解釈かを考えてみていただきたい。

（1）猫は動物だ。
（2）あ、もうこんな時間！　猫にえさをあげなきゃ！
（3）ふと外を見ると、猫がひなたぼっこをしている。
（4）道を歩いていたら、猫が喧嘩していた。
（5）猫はすばしっこい。
（6）猫は世界中に分布している。
（7）太郎は猫を飼いたがっている。

まずは（1）の「猫は動物だ」について見てみよう。普通に考えれば、これはありとあらゆる猫についての文だ。これが言っているのは、ミケだろうがタマだろうがそこらへんにいる猫だろうが、どれも例外なく動物だということだ。こういった文は、「すべての（／あらゆる）猫は動物だ」とか、「猫はどれも例外なく動物だ」のように言い換えることができる。

（1）猫は動物だ。　↓すべての猫は動物だ。／猫はどれも例外なく動物だ。

このことを踏まえた上で、次の（2）を見てみよう。「猫にえさをあげなきゃ！」は、明らかに「すべての猫」についての文ではない。実際、ありとあらゆる猫にえさをあげることは不可能だ。これは、飼い主が自分の飼い猫、つまり特定の猫について述べた文だと考えるのが自然だ。この場合の「猫」は、その猫の名前——ミケとかタマとかに置き換えることが可能だ。つまり（2）は、（もし猫の名前がミケなら）「ミケにえさをあげなきゃ！」と言っているのと同じである。

（2）猫にえさをあげなきゃ！　↓ミケにえさをあげなきゃ！（特定の猫）

では（3）の「ふと外を見ると、猫がひなたぼっこをしている」はどうか。これも当然「すべての猫」ではない。では、ミケやタマといった特定の猫だろうか？　もちろん、そのような解釈は可能だ。しかしそれ以外にも実は、「ひなたぼっこをしている猫がいる」という「不特定の猫」という解釈がある。不特定の猫といってもピンとこない方が多いと思うので、ここはざっくりと、「ミケとかタマとかいった猫の素性は問題にせず、ただ『そういう猫がいる』というふうに、存在自体を問題にしている解釈」と考えていただけるといい。

（3）猫がひなたぼっこをしている。　↓ミケがひなたぼっこをしている。（特定の猫）
↓ひなたぼっこをしている猫がいる。（猫の存在）

（4）の「猫が喧嘩していた」は、（3）のケースと似ている。これも「自分の知っている特定の猫（ミケとタマ）が喧嘩していた」という解釈に加えて、「喧嘩している猫がいた」のように、「そういう猫の存在」を問題にする解釈ができるからだ。ただし（3）と異なるのは、猫が複数いなくてはならない、ということだ。なぜなら、喧嘩は一匹ではできないからである。つまり同じ「猫」という言葉でも、一匹の猫を表す場合と複数の猫を表す場合がある。

（4）猫が喧嘩していた。→ミケとタマが喧嘩していた。（特定の複数の猫）
→喧嘩している複数の猫がいた。（複数の猫の存在）

（5）の「猫はすばしっこい」はどうだろうか。これにも「自分の知っている特定の猫はすばしっこい」という解釈があるが、またこれとは別に「猫は一般にすばしっこい」とか「たいていの猫はすばしっこい」という解釈もある。後者の解釈は（1）の「猫は動物だ」に似ているように思われるかもしれないが、少し違う。（1）はありとあらゆる猫についての文で、猫であればどれも例外なく動物だということを意味していた。しかし（5）が「すべての猫はすばしっこい」とか「猫はどれも例外なくすばしっこい」ということを言っているかというと、必ずしもそうだとは言い切れない。現に、世の中にはすばしっこくない猫もいるからだ。では（5）のように言う人が「すばしっこくない猫もいる」ということを知らずにこう言っているかというと、そうであるとも限らない。おそらく自然なのは、（5）は「猫についての一般論」であり、「例外もあるだろうが、猫というのは一般にこうだ」ということを述べているという解釈だろう。

（5）猫はすばしっこい。
→ミケはすばしっこい。（特定の猫）
→猫は一般にすばしっこいものだ。（猫一般）

では（6）の「猫は世界中に分布している」はどうだろうか。これも一見すると（1）の「すべての猫」に似ているが、厳密には異なる解釈だ。その証拠に、（6）を「すべての猫は世界中に分布している」とか「猫はどれも例外なく世界中に分布している」と言い換えると、少し変な感じがする。

また、（1）の「（すべての）猫は動物だ」は、「ミケもタマもそこらへんにいる猫も例外なく動物だ」ということを意味していた。（1）はある意味、「ミケは動物だ」「タマは動物だ」「今日私が買い物の帰りに見た猫は動物だ」……といった文をすべてまとめたもの、と見ることができる。一方（6）は、「ミケは世界中に分布している」「タマは世界中に分布している」「今日私が買い物の帰りに見た猫は世界中に分布している」……ということを意味しない。つまり（6）の「猫」は「すべての猫」ではなく、しいて言うなら「猫という生物種」だ。私たちの日常的な感覚では「すべての猫」も「猫という生物種」も似たようなものだが、よくよく見ると違いがあるのである。

（6）猫は世界中に分布している。→猫という生物種は世界中に分布している。（生物種としての猫）

（7）の「太郎は猫を飼いたがっている」は、これ自体曖昧な文だ。この文には、太郎が特定の猫を飼いたがっているという解釈と、特定の猫を念頭に置いておらず、とにかく猫という生き物を飼いたがっている、という解釈がある。

前者の解釈の場合、「猫」は「ミケ」や「タマ」といった固有名詞に置き換えることが可能だが、後者の場合はそうではない。後者は他の表現に置き換えるのが難しいが、あえて置き換えるとすれば「猫であるという条件を満たすもの」あたりだろう。

（7）太郎は猫を飼いたがっている。→太郎はミケを飼いたがっている。（特定の猫）
→太郎は猫であるという条件を満たすものを飼いたがっている。

「猫であるという条件を満たすもの」という解釈は、先に（3）と（4）で見た「猫の存在」を表すケースに近いように感じられるかもしれないが、厳密には違う。なぜなら、「太郎は猫であるという条件を満たすものを飼いたがっている」という解釈は、「太郎が飼いたがっている猫が存在する」ことを必ずしも意味しないからだ。その証拠に、「太郎は猫を飼いたがっているが、今のところは飼いたい猫がいない」と言うことも可能だ。

以上のように、「猫」という言葉一つ取っても、実にさまざまな解釈がある。普段私たちが「猫がどうのこうの」という発言を理解するとき、これほど多くの可能性の中から適切な解釈を選んでいることになる。「置き換えテスト」を使うとこのように、普段あまり意識しないような細かい違いまで際立たせることができる。

## 似た表現の違いを分析する

世の中には、だいたい同じような物事を表す表現がたくさんある。文章を書くときに、どっちを使うべきか迷うこともあるだろう。置き換えテストは、そういった「似たものどうし」の違いを分析するのにも使える。

きわめて簡単な具体例から始めてみよう。「おまえ」と「てめえ」である。日本語の二人称の代名詞には「あなた」「君」を含めさまざまなものがあるが、中でも「おまえ」と「てめえ」は似た印象を持たれることが多いと思う。たとえば次の二つの文は、おおよそ同じような内容を表していると言える。

おまえ、いい加減にしろよ。
てめえ、いい加減にしろよ。

「おまえ」と「てめえ」には、どんな違いがあるだろうか？　それを探るのに手っ取り早い方法は、「どちらか片方が出てきている自然な文を探し、他方に置き換えてみる」というものだ。試しに「おまえ」が入った自然な文を探してみると、童謡「かたつむり」の歌詞が見つかる。

でんでんむしむし　かたつむり　おまえのあたまは　どこにある

しかし、この中の「おまえ」を「てめえ」に置き換えると次のようになる。

でんでんむしむし　かたつむり　てめえのあたまは　どこにある

こんなふうに「おまえ」を「てめえ」に置き換えてみると、「今すぐにでもかたつむりとの喧嘩が始まりそうな一触即発感」が出てくる。このことから分かるのは、「おまえ」には親しみを表す用法があるが、「てめえ」の方にはそういったニュアンスがなく、敵意を表す用法がメインであるらしい、ということだ。

こんなふうに、普段何気なく使い分けているのにめったに違いを意識しない表現はかなりある。「だろう」「かもしれない」あたりもそうだ。これらはどちらも、推量を表すのに使われる。

明日は雨が降るだろう。
明日は雨が降るかもしれない。

これらの文に共通しているのは、話し手が「明日雨が降る可能性がある（つまり、可能性がゼロではない）」と言っている点だ。しかし、おそらく多くの方が「この二つには何か違いがある」と感じておられることと思う。中には、「だろう」は確信の度合いが強く、「かもしれない」は弱いという直感を持つ方もいらっしゃるかもしれない。

似た表現の間の違いを探るには、こういった「直感」に従って実例を探すと、うまくいくことがある。たとえば「確信の強さの違い」がカギなのではないかと思ったら、それを検証するために「話し手が何かを強く（あるいは弱く）確信しているような文」を探して、「置き換え」をやってみるのだ。ここでは、「話し手が何かを強く確信している文」として、ノストラダムスの予言っぽい台詞を利用してみよう。すると、次のようになる。

（1）私は予言する。1999年、天から恐怖の大王が降りてくるだろう。
（2）私は予言する。1999年、天から恐怖の大王が降りてくるかもしれない。

（1）は予言として何の問題もなく、自然に感じられる。これに対して（2）はずっと自信満々だったのが、最後の「かもしれない」で急に失速する感じがして、聞いている側としては「あれっ?」と拍子抜けしてしまう。これは、「だろう」と「かもしれない」における確信度の差を端的に示す例と言えるだろう。

実のところ、「絶対に起こる」という確信度を100%、「決して起こらない」という確信度を0%とすると、「〜だろう」は、「〜」の部分で示される出来事についての確信度がつねに50%より大きいのに対し、「〜かもしれない」はそうではない（つまり、50%以下であってもいい）。そのことは、次のような例によって示される[15]。

（3）a．＊明日は雨が降るだろうし、降らないだろう。
　　b．明日は雨が降るかもしれないし、降らないかもしれない。

（3）aは、多くの人にとって「矛盾している」とか「支離滅裂だ」と感じられるはずだ。これはなぜかというと、「明日は雨が降るだろう」が「明日雨が降るということについての私の確信度は50%より大きい」ということを表し、その一方で「（明日雨が）降らないだろう」も「明日雨が降らないということについての私の確信度は50%より大きい」ということを表しているからだ。つまり、同じ出来事の生起と不生起の両方に対して、「50%よりも強い確信」が表明されているために矛盾が起こっているのだ。

これに対し、（3）bは何の問題もないはずだ。「かもしれない」の表す確信度は50%以下でもいいので、（3）bのように、雨が降るのか降らないのかハッキリ断言できない「どっちつかずの判断」を表せるわけだ。

置き換えテストを使って表現の違いを際立たせるという分析方法は、似た単語のペアに対してだけでなく、句や文のパターンに対しても使える。たとえば日本語では、物体とその数について述べる句には名詞と「三人」「二冊」のような表現（数量表現）がどのように並んでいるかによって、いくつかの異なるパターンがある。たとえば、「三人のサラリーマン」とか「二冊の本」のような言い方もあれば、「サラリーマンが三人」とか「本を二冊」という言い方もある。ぱっと見るかぎりでは、これらの間に違いはほとんどないように感じられる。

居酒屋に入ると、三人のサラリーマンが酒を飲んでいた。
居酒屋に入ると、サラリーマンが三人、酒を飲んでいた。

私は夏休みに二冊の本を読みました。
私は夏休みに本を二冊読みました。

しかし、片方のパターンで自然な文を探し、他方のパターンへ置き換えるということをやっていくと、だんだんと違いが見えてくる。たとえば、次の（1）aの中の「一杯の水を」を「水を一杯」に変えると、bのようになる。

（1）a．美容にはとくに気を遣っていません。ただ、朝起きたら必ず一杯の水を飲むようにしています。
b．美容にはとくに気を遣っていません。ただ、朝起きたら必ず水を一杯飲むようにしています。

それほど明確な違いではないが、それでも（1）aの「一杯の水」の方は、bの「水を一杯」に比べると「なんとなく特別な感じ」がある。この「スペシャル感の違い」は、次の例ではより顕著になる。（2）aの「一人の人を」は自然なのに対し、bの「人を一人」はやや違和感がある。

（2）a．一人の人を愛し続けるのは難しいことなのよ。
b．?人を一人愛し続けるのは難しいことなのよ。

さらに次の例になると、違いはかなり顕著になる。

（3）a．この土地は、東京ドームが二つ入る広さだ。
b．?この土地は、二つの東京ドームが入る広さだ。

（3）aは自然だが、bは「東京ドームが二つあるんか〜い」とツッコミを入れたくなる。つまり「東京ドームが二つ」は「（広さの尺度としての）東京ドーム×2」と読めるのに対して、「二つの東京ドーム」には、それらが現実にあるかのような「実在感」があるのだ。

実は、この「スペシャル感」というか「実在感」に関する違いは言葉で表すのが難しく、言語学でも長年考えられている問題だ。研究者の場合は「これはいったいどういう違いだろう？」「この違いはどこから出てくるのだろう」と疑問に思うことが研究のきっかけになり、さらに条件を細かくして観察を深めていくのだが、研究者でなくとも、こんなふうに少し考えてみるだけで「違い」を認識することはできる。

もちろん、ここで見たような個人的な観察は限られた範囲のものなので、つねに正しいとは限らない。より深く知りたい場合は、辞書や文法書などを調べてみるのがいいだろう。また、日本語の表現の使い分けについては、日本語教育の教科書などを参照するのもお勧めだ。

## 分析例：「は」vs.「が」

「は」と「が」がどう違うのかということは、日本語に触れたことのある人なら一度は抱く疑問だろう。同時にこの問題は、言語学において長年取り組まれているにもかかわらず、なかなか解決に至らない難問でもある。よって本書でもあまり深入りすることはできないが、これまでに紹介したテストが「は」と「が」の違いを浮き彫りにするところをお見せしたい。

まず、「は」と「が」は「どちらも主語に付く」という雑な理由で同列に並べられがちであるが、文法の面から見るとかなり毛色の違う表現である。そのことは、おなじみの置き換えテストで確かめることができる。次の（1）～（5）が具体的なペアだ。（1）～（5）のそれぞれにおいて、aは「は」の入った文で、bはそれを「が」に置き換えた文である。

（1）a．太郎は今、食事をしている。
　　b．太郎が今、食事をしている。

（2）a．花子のことは昔から知っている。
　　b．＊花子のことが昔から知っている。

（3）a．来週の日曜は出勤することになった。
　　b．＊来週の日曜が出勤することになった。

（4）a．アメリカでは大変お世話になりました。
　　b．＊アメリカでが大変お世話になりました。

（5）a．太郎は、速くは走れないが、持久力はある。
　　b．＊太郎は、速くが走れないが、持久力がある。

（1）a、bについてはどちらも問題ないが、（2）～（5）のbについては違和感を覚える人がほとんどだと思う。まず（2）aの「は」は、「が」に置き換えるよりも「を」に置き換えて、「花子のことを昔から知っている」とした方が良さそうだ。（3）aの「は」も、「が」に置き換えるのではなく、「来週の日曜に出勤することになった」のように「に」に置き換えるか、何にも置き換えずに「来週の日曜、出勤することになった」とした方が自然だろう。（4）では「は」は「アメリカで」という、すでに助詞「で」が付いた表現に付いており、（5）では「速く」、すなわち形容詞（の連用形）に付いている。これらのような「は」は「が」に置き換えられないし、その他の助詞（「を」「に」など）に置き換えることもできない。

これらの例によって示されているように、「は」はつねに「が」に置き換えられるわけではなく、「を」や「に」なんかに置き換えられる場合もあれば、「が」「を」「に」のどれにも置き換えづらい場合もある。実は「は」と「が」は、文法的な性質が異なるのだ。辞書での記述を見ても、「が」が「格助詞」とされているのに対し、「は」は「副助詞」などとされていることが多い。

格助詞と副助詞の違いについては、以下のように大ざっぱに説明しておこう。

- 格助詞：「が」「を」「に」「へ」「で」「から」「と」「の」などのように、名詞（句）に付いて、それが文中の他の要素とどのような関係にあるかを示すもの
- 副助詞：「は」「も」「だけ」「ばかり」「しか」「さえ」などのように、名詞（句）だけでな

くそれ以外のものにも付いて、その語句を際立たせたり、何らかの意味を付け加えたりするもの

副助詞は、言語学や日本語学では「それが付いた語句を取り立てる」ということから「とりたて詞」と呼ばれることもある。「語句を取り立てる」とか「何らかの意味を付け加える」とかいう説明で納得していただけるとは思えないが、重要なのは、「は」が文中において「も」「だけ」「ばかり」のような表現と同じような位置に現れるがゆえに、文法的な面からみて同じグループに入れられているということだ。

「は」と「が」には以上のような文法的な違いがあるため、お互いへの置き換えがつねにできるとは限らない。しかし私たちが言葉を発するとき、いわゆる「主語」に「は」と「が」のどちらかを付ける機会が多いのは確かだ。私たちが「は」と「が」から一方を選ぶとき、何を決め手にして選んでいるのだろうか？　この点についての説明として比較的知られているのは、「は」は旧情報に付き、「が」は新情報に付くというものだ。これは、

- 「は」は、それまでの文脈ですでに登場しているものに付く。
- 「が」は、それまでの文脈には現れておらず、新たに登場するものに付く。

という、「情報の流れ」に従った説明である。

このポイントを具体的に観察できるよう、新しい情報が文脈に登場する場面での「置き換え」をやってみよう。たとえば（6）のように「何かの存在に気づく」というのは、文脈に新しい情報が登場する場面の一つだ。（6）aの「狸がいるよ」に比べて、（6）bの「狸はいるよ」に違和感を覚える人は多いだろう。

（6）a．あっ、見て！　あそこに狸がいるよ！

　　b．?あっ、見て！　あそこに狸はいるよ！

また、「誰が」「どうして」「どうやって」などの語を含む疑問文に答えるときには、相手にとって新しい情報を導入するのが普通である。こういう場合も、「が」は使いやすいが、「は」は使いづらい。

（7）a．このケーキ、誰が買ってきたの？　――私が買ってきました。

　　b．このケーキ、誰が買ってきたの？　――?私は買ってきました。

（8）a．山田さんはどうして今日休んでるの？　――お子さんが熱を出したそうです。

　　b．山田さんはどうして今日休んでるの？　――?お子さんは熱を出したそうです。

（9） a. 太郎はどうやって花子と知り合ったの？ ――太郎の上司が花子を紹介してくれたらしいよ。
b. 太郎はどうやって花子と知り合ったの？ ――?太郎の上司は花子を紹介してくれたらしいよ。

いかがだろうか？ こういう例ばかり見ていくと、だんだんと「は」と「が」の違いは「旧情報・新情報の違い」ということで良さそう、という気分になってくる。ただし、それだけでは説明しきれないのが「は」vs.「が」問題の難しいところだ。次の例を見ていただきたい。

（10） 今夜は子供を早めに寝かしつけることができた。子供が寝静まったあと、コーヒーを淹れて飲んだ。

（10）の二文目の「子供が」に注目して欲しい。この例において、「子供」はすでに一文目に出てきている。つまり「子供」は、話し手が二文目を言う時点で新情報ではなく、旧情報だと言える。にもかかわらず、二文目の「子供」には「が」が付いている。これはなぜだろうか？

考えるためのヒントとして、（11）のように、（10）の二文目の「子供が」を「子供は」に置き換えた例を見てみよう。

（11）今夜は子供を早めに寝かしつけることができた。子供は寝静まったあと、コーヒーを淹れて飲んだ。

（11）については、「あれっ？　ちょっと変だな」と思う方が多いのではないか。（10）と（11）の違いはどこにあるのだろうか？

カギは、「コーヒーを淹れて飲んだ」のは誰か、という点にある。先の（10）では、コーヒーを淹れて飲んだのは話し手だという解釈ができる。多くの人は（10）を見て、子供をようやく寝かしつけた話し手が、一息入れようとしてコーヒーを飲む場面を思い浮かべられることと思う。つまり、（10）では、「コーヒーを淹れて飲んだ」という行為を実行しているのが「子供以外の誰か」であるという解釈が可能だ。

これに対し（11）では、「コーヒーを淹れて飲んだ」を実行しているのが「子供」であるという解釈が強く前面に出てくる。（11）を読んで、寝静まったはずの子供が寝たまま立ち上がり、ムニャムニャ寝言を言いながらコーヒーを淹れて飲むというシュールな光景を思い浮かべた人もいるだろう。このように（11）では、コーヒーを淹れて飲んだのが子供以外の誰かであるという解釈がしづらい。

このような（10）と（11）の違いは、「は」と「が」の「影響範囲の違い」に起因する。（10）では、二文目の「子供が」の影響範囲は「寝静まった」までで留まってもよく、「コーヒーを淹れて飲んだ」まで及ぶ必要がない。よって、「コーヒーを淹れて飲んだ」の主体は、誰か別の人

（たとえば話し手）であるという解釈ができる。先に見た通り、日本語では主語や目的語が目に見えない「ゼロ代名詞」であってもいいので、ここにも「目に見えない主語」があると考えれば、文脈や常識から考えて自然な「行為の主体」を補って解釈することができる。

他方（11）では、「子供は」は「寝静まった」の主体であると同時に、「コーヒーを淹れて飲んだ」の主体にもなる。つまり「子供は」の影響範囲は「寝静まった」を超えて（11）の文の最後にまで及ぶため、「コーヒーを淹れて飲んだ」の主体も「子供」になってしまう。

つまりこの一連の「置き換え」の例が示しているのは、「は」と「が」の違いが単純に「旧情報・新情報の違い」で説明できるわけではなく、「影響範囲の違い」などの要因も考慮に入れなければならない、ということだ。私たちが「は」と「が」のどちらを選ぶかについては、ここで紹介した以外にもさまざまな要因が関わっている。たとえば、第二章で見たような「従属節の種類の違い」もそういった要因の一つだし、それ以外にも「は」と「が」の両方に複数の用法があること[16]、「Aは（が）Bだ」とか「AはBがCだ」といった構文にいくつもの解釈があること[17]などが問題を難しくしている。単純な説明でばっさり斬れないところが「は」vs.「が」問題の奥深いところで、多くの人を惹きつけてやまない理由でもある。

### 句や文を立体的に見る

第二章では、句や文がただの単語の並びではなく、部分的な「かたまり」の組み合わせで成り立つ「構造のあるもの」であることを見た。また、句や文の構造が意味解釈と関係していることを、「かっこいい俺の車」などの例を使って説明した。実のところ、文章を書いたり読んだりするときに「構造」を意識できるか、つまり句や文を立体的に見ることができるかというのはかなり重要になってくる。

とはいえ、ある句や文がどんな構造をしているかが、つねにはっきりと分かるわけではない。構文によっては、言語学者の間でも意見が一致せず、結局「どんな文法理論を採用しているかに依る」としか言いようがない場合もある。ここでは、構造が比較的はっきりしており、なおかつ日常で問題になりそうな事例に絞って、構造の見方を紹介していこう。

## 並列的に繋げられているのは何？

まずは、ごく簡単なケースから見ていきたい。私たちはよく、「ナントカとカントカ」とか、「ナントカやカントカ」のような言い方をすることで、言葉を並列的に繋ぐ。第二章で述べたように、こういう並列的な繋ぎ方を言語学では「等位接続」と呼ぶ。ここでは、等位接続を含む句や文の中で、何と何が繋げられているのかを見極める方法を紹介しよう。

たとえば、作家J．K．ローリングのベストセラーのタイトル「ハリー・ポッターと賢者の石」には、「と」が何と何を繋いでいるのかによって次の二通りの構造が考えられる。aは、「と」が「ハリー・ポッター」と「賢者の石」をつないでいる構造で、bは「ハリー・ポッター」と「賢者」が「と」で繋げられ、その全体が「の石」と組み合わされている構造だ。

ハリー・ポッターと賢者の石

a.［ハリー・ポッター］と［賢者の石］

b.［［ハリー・ポッター］と［賢者］］の石

皆さんは当然、aの構造が正しいことをご存知だと思う。その直感を具体的に示してみよう。方法はごく簡単だ。単に、等位接続されていると思しきものどうしの位置を入れ替えてみて、意味が変わるかどうか見てみればいいのである。

a.［ハリー・ポッター］と［賢者の石］

↓（入れ替え）［賢者の石］と［ハリー・ポッター］

b.［［ハリー・ポッター］と［賢者］］の石

↓（入れ替え）［［賢者］と［ハリー・ポッター］］の石

入れ替えをやってみると、aは「賢者の石とハリー・ポッター」になり、本のタイトルとしてはどうなのかという思いは出てくるが、意味的には元の句とほぼ同じであると言える。これに対しbの方は「賢者とハリー・ポッターの石」となり、元の句とは違う意味になってしまう。「ハリー・ポッターと賢者の石」はわざわざこんなテストをしなくても構造が明らかだが、等位接続されているものが何なのかがいまいちよくわからない句や文もある。そんなとき、可能な解釈がどれほどあるのかを確かめるのに、この「入れ替えテスト」を使うことができる。たとえば「教員と生徒百五十人が選んだ代表者」という句は、「と」が何を繋いでいるかによって、少なくとも三通りの構造（および解釈）が考えられる。

教員と生徒百五十人が選んだ代表者
a．［［教員］と［生徒百五十人］］が選んだ代表者
b．［［教員］と［生徒］］百五十人が選んだ代表者
c．［教員］と［生徒百五十人が選んだ代表者］

それぞれの解釈がどんなものであるかは、「入れ替え」をやると分かりやすくなる。

a．［［教員］と［生徒百五十人］］が選んだ代表者
↓（入れ替え）［［生徒百五十人］と［教員］］が選んだ代表者
↓（意味）生徒百五十人と（人数不明の）教員が共同で選んだ代表者

b．［［教員］と［生徒］］百五十人が選んだ代表者
↓（入れ替え）［［生徒］と［教員］］百五十人が選んだ代表者
↓（意味）生徒と教員、合わせて百五十人が共同で選んだ代表者

c．［教員］と［生徒百五十人が選んだ代表者］

→（入れ替え）［生徒百五十人が選んだ代表者］と［教員］

こういう入れ替えテストは、「ナントカとカントカ」という名詞句の等位接続だけでなく、「ナントカして、カントカした」とか、「ナントカがナントカに、カントカがカントカにこうした」のような文の中で、どの部分が等位接続されているかを確認するのにも使うことができる[18]。

竜宮城では、［乙姫様がご馳走を出して］、［鯛やヒラメが舞い踊った］。
→（入れ替え）竜宮城では、［鯛やヒラメが舞い踊って］、［乙姫様がご馳走を出した］。

［おじいさんは山へ柴刈りに］、［おばあさんは川へ洗濯に］行きました。
→（入れ替え）［おばあさんは川へ洗濯に］、［おじいさんは山へ柴刈りに］行きました。

このような入れ替えは、たとえば次のような文の曖昧性を確かめるのに使える。

今日、私は子供たちを遊園地に連れて行って、妻は家で仕事をすることになっていた。

この文には、次のように二通りの構造が考えられる。

a. 今日、［私は子供たちを遊園地に連れて行って］、［妻は家で仕事をする］ことになっていた。
b. 今日、［私は子供たちを遊園地に連れて行って］、［妻は家で仕事をすることになっていた］。

aの構造では、「私は子供たちを遊園地に連れて行って」と「妻は家で仕事をする」が等位接続されている。これに対しbでは、「妻は家で仕事をする」が「ことになっていた」とかたまりをなし、それが「私は子供たちを遊園地に連れて行って」と等位接続されている。この二つの解釈の違いは、次のような入れ替えをするとはっきりする。

a. 今日、［私は子供たちを遊園地に連れて行って］、［妻は家で仕事をする］ことになっていた。
↓（入れ替え）今日、［妻は家で仕事をし］、［私は子供たちを遊園地に連れて行く］ことになっていた。
b. 今日、［私は子供たちを遊園地に連れて行って］、［妻は家で仕事をすることになっていた］。
↓（入れ替え）今日、［妻は家で仕事をすることになっていて］、［私は子供たちを遊園地に連れて行った」。

私たちは普段から等位接続を頻繁に使うが、ここで見たように、等位接続は句や文の解釈を増やし、言葉の理解を難しくすることが多い。入れ替えテストは、等位接続を含む表現のどこがどう曖昧なのかを確かめるのに手っ取り早く使える。

### どこからどこまでが従属節？

これまでにたびたび、従属節、つまり文の中の「文っぽい部分」について見てきた。従属節がある文は必然的に構造が複雑になるので、従属節のない文に比べて不自然になったり、誤解を招きやすくなったりする。こういったことを避けるには、どこからどこまでが従属節なのか——つまり、従属節と、その外にある主節との境界を意識する必要がある。

しかし、「意識しろと言われても、どう意識すればいいか分からない」と思われる方もいらっしゃるだろう。実際、どこからどこまでが従属節なのかが分かりづらい場合は多々ある。たとえば、次の（1）〜（3）はどれも従属節を含む文だが、どこからどこまでが従属節かお分かりだろうか？

（1）花子は太郎がギャンブルをやめると信じている。
（2）花子は太郎にギャンブルをやめさせたいと思っている。

(3) 花子は太郎にギャンブルをやめるよう迫った。

主節と従属節の境目を見極める上で、まず着目すべきなのは「述語」だ。(1)を例に挙げると、この中には「やめる」と「信じている」という二つの述語が出てきている。前者は従属節の述語で、後者は主節の述語だ。それを踏まえた上で、文中の他の要素――「花子は」「太郎が」「ギャンブルを」がどの述語と意味的に関係しているかを考えるのだ。

(1)については、主節の述語の「信じている」に関係しているのは「花子は」なので、これが主節の要素だと分かるし、従属節の述語の「やめる」に関係しているのは「太郎が」と「ギャンブルを」なので、これらが従属節の要素だと分かる。つまり、(1)では次の[ ]の部分が従属節だということになる。

花子は[太郎がギャンブルをやめる]と信じている。

これに対して、(2)の「花子は太郎にギャンブルをやめさせたいと思っている」は、(1)よりもちょっと複雑だ。先ほどと同じく「述語と意味的に関係する要素を見ていく」という方針を取ると、まず目を付けるべき述語は「やめさせたい」と「思っている」だ。述語以外の要素のうち、「太郎に」と「ギャンブルを」は「やめさせたい」に関係していると分かる。これに対し、「花子は」は、「思っている」にも「やめさせたい」にも関係しているように見える。なぜなら、太郎にギャンブルをやめさせたいのも、そのように思っているのも花子だからだ。「花子は」が主節と従属節のどちらに含まれるか、調べる方法はあるだろうか。実は、「主節の要素か従属節の要素か分からないものを、従属節の後ろに持っていってみる」というやり方がある。従属節の後ろに持っていって不自然になるような要素は従属節の要素である。実際、（2）で従属節の要素であることが明らかな「太郎に」とか「ギャンブルを」を「〜と」の後ろに持っていくと、かなり不自然な文になる。

＊花子はギャンブルをやめさせたいと太郎に思っている。
＊花子は太郎にやめさせたいとギャンブルを思っている。

これに対し、「花子は」を「〜と」の後ろに持っていっても、特に問題がない。

太郎にギャンブルをやめさせたいと花子は思っている。

これらの例でいったい何をしたかというと、主節の要素か従属節の要素かわからないものを、「〜と」の後ろに持っていくことによって、強制的に「従属節の外（つまり主節）」に置いたのである。これは第二章で見た「かきまぜ」の性質の応用だ。第二章で見たとおり、従属節と主節の境界をまたいだ「かきまぜ」のうち、従属節の中の要素を後ろへ持っていくタイプのものは、きわめて不自然な文を生み出してしまう。この性質を応用すれば、主節の要素か従属節の要素か分からないものを「従属節の境界の後ろへ」出したときに、結果的に不自然になる場合は従属節の要素であると判断できるし、とくに不自然にならない場合は主節の要素だろうと推測することができる。こんなふうに理論言語学では、現象の観察から引き出した一般的な法則性をしばしば「テスト」として利用する。

さて、以上の観察から、(2)の文では「花子は」を除いた「太郎にギャンブルをやめさせたい」の部分が従属節だと考えられる。

花子は[太郎にギャンブルをやめさせたい]と思っている。

しかし、「花子は」が従属節の要素ではないとすると、これが従属節の述語「やめさせたい」と意味的な関係を持つことはどう説明されるのだろうか? このことについては、従属節の中に「花子」を指すゼロ代名詞(たとえば、「自分が」に相当するようなもの)が入っていると考えると説明がつく。

花子は[(自分が)太郎にギャンブルをやめさせたい]と思っている。

では、(3)の「花子は太郎にギャンブルをやめるよう迫った」はどうだろうか。(3)には

（2）と同じく「太郎に」という要素が入っており、「やめる」という従属節の述語と意味的な関係を持つ。しかし、（2）の「太郎に」が従属節の要素だったのに対し、（3）の「太郎に」は主節の要素である。このことも、「従属節の後ろに持っていってみる」というテストによって確かめることができる。

花子はギャンブルをやめるよう太郎に迫った。

この文自体は意味の上でも形の上でも何の問題もない。よって、「太郎に」は主節の要素だろうと推測できる。つまり（3）の構造は次のようになる。従属節内の「（彼が）」は、「太郎」を指すゼロ代名詞である。

花子は太郎に［（彼が）ギャンブルをやめる］よう迫った。

## 似たような語の並び、異なる構造

言葉の立体感をより強く感じていただくために、今度は一見よく似た文や句の「違い」を見ていこう。句や文をくわしく観察すると、語の並びとしては似ているのに構造が違うケースがよく見つかる。たとえば、次の二つの名詞句は、どちらも「ナントカの強いカントカ」という形をしているが、実は構造が異なる。どう違うかお分かりだろうか？

（1）a．将棋の強いおじさん
　　b．南国の強い風

よく分からないという人は、「ナントカの」と「強い」の語順を入れ替えて、「強いナントカのカントカ」に変えてみよう。すると、次のようになる。

　　a．?強い将棋のおじさん
　　b．強い南国の風

「強い将棋のおじさん」がやや意味不明になるのを感じていただけるだろうか？　これに対し、「南国の強い風」は「強い南国の風」のように変えてもほとんど意味が変わらない。こんなふうに、「語順の入れ替え」をするだけで、違いが浮き彫りになることがある。

（1）aとbの違いをさらに深く観察するためにできることとして、これまでにも見てきた「別の語への置き換え」がある。（1）aの「将棋の強いおじさん」は、助詞の「の」を「が」に置き換えて、「将棋が強いおじさん」としてもほとんど意味が変わらない。同じことを「南国の強い風」にやってみると、次のようになる。

a．将棋が強いおじさん
b．？南国が強い風

このように、「南国が強い風」は、元の「南国の強い風」の言い換えになっていない。「将棋の強いおじさん」が「将棋が強いおじさん」に言い換えられることから分かるのは、「将棋の強い」という部分が、実は連体節（つまり、名詞を修飾する「文っぽいもの」）だということだ。つまり、「将棋の強いおじさん」は、「将棋の強い」の部分が「おじさん」を修飾する「かたまり」だということになる。

［［将棋の強い］おじさん］

しかも、「将棋の強い」という連体節の中では、「将棋の」が主語で「強い」が述語である。ここで、なぜ「将棋が強い」ではなく「将棋の強い」という言い方ができるのか疑問に思われるかもしれないが、実は日本語には、「君がいない部屋」→「君のいない部屋」とか、「シェフがお勧めする料理」→「シェフのお勧めする料理」のように、連体節の中で格助詞「が」が「の」と入れ替わる現象がある（「が・の交替」と呼ばれる）。「将棋の強いおじさん」もその一例だ。

これに対し、「南国の強い風」の構造は次のようになっている。

［南国の［強い風］］

この構造では、まず「強い」と「風」が「かたまり」をなし、「強い風」全体が「南国の」と結びついている。つまり、「南国の強い」という部分自体は「かたまり」をなしていないのだ。また、「南国の」と「強い」が修飾しているのはどちらも「風」なので、両者を入れ替えてもほとんど意味が変わらない。この点で、「将棋の強いおじさん」と異なる。

このように、似たような語の並びであっても構造が異なることがあり、さまざまな手がかりを駆使すればそういった違いを明確にすることができる。とくに、先ほど最初にやってみた「語順の入れ替え」は、構造をちょっと調べてみたいときに手軽に使えるテストだ。語順の入れ替えによって構造の違いが浮き彫りになる別の例として、次のようなものもある。

（2）a．我が社はこのたび、佐藤氏を営業部長として採用する。
　　b．鈴木氏はこの春から、代官山を拠点として活動する。

（2）aとbは、表面的にはとても似ている。どちらも「〜は〜を〜として〜する」という形をしている。しかし、両者は構造が違う文だ。その違いは、「〜を」と「〜として」の順番を入れ替えてみるとはっきりする。

a．我が社はこのたび、営業部長として佐藤氏を採用する。
b．＊鈴木氏はこの春から、拠点として代官山を活動する。

（2）aの「佐藤氏を営業部長として」は、「営業部長として佐藤氏を」に変えても、文の自然さや意味にはほとんど影響がない。これに対しbでは、「代官山を拠点として」を「拠点として代官山を」に変えると非常に不自然な文になる。

この違いは、（2）aの「佐藤氏を営業部長として」がかたまりをなさないのに対し、bの「代官山を拠点として」はかたまりであるということに起因している。

（2）aの構造　我が社はこのたび、［佐藤氏を］［営業部長として］採用する。
（2）bの構造　鈴木氏はこの春から、［代官山を拠点として］活動する。

なぜこのような違いがあるのか。考えるにあたって注目していただきたいのは、（2）aの「佐藤氏を」とbの「代官山を」が、いったい何の目的語なのかということだ。aの「佐藤氏を営業部長として採用する」では、「佐藤氏を」は動詞「採用する」の目的語だ。これに対し、bの「代官山を拠点として活動する」の方の「代官山を」は、「活動する」の目的語ではない。「活動する」はそもそも、目的語を必要としない動詞、つまり自動詞だ。

ではbの「代官山を」は何の目的語かというと、「として」の中にある「して」、つまり動詞「する」の目的語だ。つまりこの文の「として」は助詞「と」と動詞「して」（「する」の連用形）が連なったものであり、「代官山を拠点として」はbの中に埋め込まれた従属節なのである。よって語順を入れ替えて「拠点として代官山を」にすると、きわめて不自然になるのだ。

このように、表面的には似た文であっても、片方には従属節があり、もう片方にはないという場合がある。語順の入れ替えなどをすると、そういった違いを検知できることがある。

しかし、そもそもなぜ語順の入れ替えで構造の違いが浮き彫りになるのか。不思議に思っている方もいらっしゃるかもしれないので、簡単に説明しよう。ポイントは次のとおりだ。

- 一般に、複数の単語からなる「かたまり」の中には、おおよそ「かたまりの中心となり、かたまり全体の特徴を決める単語」が存在する[19]。
- 日本語では、「かたまりの中心となる単語」の定位置は、おおよそ「かたまり」の最後である。
- かたまりの中で、その中心となる単語の位置が変わると、不自然になったり意味が変わったりすることが多い。

たとえば「あの黄色い花」というかたまり（つまり名詞句）の中心になっているのは名詞の「花」であり、「とても美しい」というかたまり（形容詞句）の中心になっているのは形容詞の

「美しい」だ。日本語ではおおよそ、かたまりの中で最後に来るものが、そのかたまりの「中心的な要素」[20]となるという法則性がみられる。つまり、かたまりの「最後」が、かたまりの中心的要素の定位置なのだ。

［あの　黄色い　花］（全体は名詞句で、中心となるのは名詞「花」）
［とても　美しい］（全体は形容詞句で、中心となるのは形容詞「美しい」）

また、「文」そのものや、文中に現れる節も、理論言語学では「かたまり」の一つだと考える。文や節の中心になるものが何であるかについては諸説あるが、ここではとりあえず「述語」だと考えてもらえるといい[21]。つまり「太郎が花子を説得した」とか「この洗剤は地球に優しい」のような文の中心になるものは、「説得した」や「優しい」などといった述語だ。ある意味、文や節というのは「述語が中心であり、名詞句や従属節などが述語に衛星のようにくっついているもの」とみなすことができる。

［太郎が　花子を　説得した］（全体は文（節）で、中心となるのは述語（動詞）「説得した」）
［この洗剤は　地球に　優しい］（全体は文（節）で、中心となるのは述語（形容詞）「優しい」）

そして、「かたまり」の内部では、「中心となるもの」以外の語順を変えてもあまり不自然にならないが、「中心となるもの」を動かすと不自然になってしまうことが多い。「あの黄色い花」を例に挙げると、「あの」と「黄色い」だけを入れ替えてもそれほど不自然にならないが、「花」の位置を変えると不自然になったり、意味が変わったりしてしまう。

[あの黄色い花]を部屋に飾りたい。
[黄色いあの花]を部屋に飾りたい。
＊[あの花黄色い]を部屋に飾りたい。
＊[黄色い花あの]を部屋に飾りたい。
＊[花あの黄色い]を部屋に飾りたい。
＊[花黄色いあの]を部屋に飾りたい。

文や節についても、述語以外のものの語順を変えてもあまり不自然にならないが、述語の語順を変えるとたいてい不自然になる。

私は[太郎が花子を説得した]ことを知った。
私は[花子を太郎が説得した]ことを知った。
＊私は[太郎が説得した花子を]ことを知った。
＊私は[花子を説得した太郎が]ことを知った。

＊私は［説得した太郎が花子を］ことを知った。
＊私は［説得した花子を太郎が］ことを知った。

先ほど述べたように、「将棋の強いおじさん」の「将棋の強い」という部分は連体節で、その中心となるのは「強い」という述語だ。「強い将棋のおじさん」のような入れ替えは、連体節の中心である「強い」の語順を変えてしまうために不自然になる。

［将棋の強い］おじさん　↓？［強い将棋の］おじさん

他方、「南国の強い風」において、「強い」は「南国の」とかたまりをなさないし、「強い風」という「かたまり」の中でも「中心的な要素」ではない。よって、「南国の」と「強い」との語順を入れ替えても形の面では問題ない。また、先述のように、「南国の」と「強い」はどちらも「風」を修飾するので、両者の入れ替えは意味の面でもほとんど変化を起こさない。

［南国の［強い風］］　↓［強い［南国の風］］

ただし、語順の入れ替えはさまざまな要因に影響されやすく、語順の入れ替えで違いが出たからといって、必ずしも構造が異なるとは限らない。たとえば、「将棋の強いおじさん」と同じ構造を持つ句として「見た目のいい人」というものがある。この句は、「『の』を『が』に置き換えるテスト」では、「将棋の強いおじさん」と同じ結果を示す。

将棋の強いおじさん　→将棋が強いおじさん
見た目のいい人　→見た目がいい人

しかしその一方で、「二つの修飾語を入れ替えるテスト」では同じ結果にならない。すでに見た「強い将棋のおじさん」が少し変なのに対し、「いい見た目の人」は何の問題もないし、意味も元の句とほとんど変わらない。

将棋の強いおじさん　→?強い将棋のおじさん
見た目のいい人　→いい見た目の人

これはなぜかというと、「いい見た目の人」という表現は、「いい見た目である人」という、また別の表現の言い換えとみなすことができるからだ。日本語の助詞「の」の中には「である」と同じ意味を持つものがあり、このケースはそれにあたる。

このように、言語現象には雑多な要因が関わっているため、構造を見極める際には一つのテストに頼らず、さまざまな角度から詳細に観察を重ねていく必要がある。

## 含意される内容かどうかを判定する

第一章（p. 35）で、一口に「文の意味」といってもさまざまなものがあることを見た。その中に、「その文によって含意される内容」というのがあったのを覚えていらっしゃるだろうか？その文が本当だった場合に、必ず本当になるような内容のことだ。第一章では、「昨日、太郎と花子がうちに遊びに来て、俺と三人でゲームをしたんだよ」という文を例に挙げ、これが「昨日、太郎は話し手の家に行った」とか「話し手と太郎と花子は昨日一緒に遊んだ」などといった文を含意するが、「話し手と太郎と花子は仲が良い」とか「太郎と花子は付き合っている」などは含意しない、ということを見た。文が含意する内容とそうでない内容の見分け方については、「前者は後から否定すると矛盾を起こすが、後者はそうではない」と述べたが、ここで改めて「テスト」として整理しておこう。

ある文Aがある内容Bを含意するかどうかを判定するテスト

（Ⅰ）文Aと内容Bをつなげる。

（Ⅱ）文Aはそのままで、内容Bを否定してみる。

（Ⅲ）（Ⅱ）に矛盾が生じるかどうかを判定する。

（Ⅲ－1）（Ⅱ）に矛盾が生じるならば、文Aは内容Bを含意している。

（Ⅲ－2）（Ⅱ）に矛盾が生じないならば、文Aは内容Bを含意していない。

このテストを使って、次の問題を考えてみよう。

【問題】「太郎はよくアメリカに行く」という文（文A）は、次の内容B、Cを含意しているだろうか？

内容B　太郎はアメリカに行ったことがある。

内容C　太郎はアメリカが好きである。

テストの手順（Ⅰ）（Ⅱ）に従って、まず文Aと内容Bをつなげ、内容Bの方を否定してみよう。全体として自然な文にするために、文と内容をつなぐときは「が」を使い、内容の否定には「わけではない」を使ってみる。すると、次のようになる。

（文Aと内容Bをつなげ、内容Bを否定したもの）

太郎はよくアメリカに行くが、太郎はアメリカに行ったことがあるわけではない。

そして、手順（Ⅲ）にあるように、この文に矛盾が感じられるかどうかを確かめるのだ。実際に、この文には矛盾が感じられるので、これは（Ⅲ－1）のケースにあたる。つまり、文Aは内容Bを含意していると言える。

では、内容Cはどうだろうか。同じ手順に従って文Aと内容Cをつなげ、後者を否定すると次のようになる。

（文Aと内容Cをつなげ、内容Cを否定したもの）
太郎はよくアメリカに行くが、太郎はアメリカが好きであるわけではない。

この文にはとくに矛盾は感じられない。実際に、アメリカによく行く人がアメリカが好きではないということはありうるからだ。よってこれは（Ⅲ－2）のケースにあたる。つまり文Aは内容Cを含意していない。

以上は第一章で見たことをテストの形で言い直しただけなので、新鮮さはないかもしれない。しかし、ここから「意味が同じかどうか」を判定するテストに広げることができる。

## 二つの文の意味が同じかどうかを判定する

「何かと何かが同じかどうか」というのは、私たちの生活の上でしばしば話題になる。中でも、「ある文とある文が同じ意味かどうか」というのはよく話題に上る。政治家の失言などについて「この人はこう言った。それは、こう言ったのと同じ意味だ」「いや、同じ意味ではない。それは言いがかりだろう」などと議論になるのはその一例だ。

「同じ意味か、違うか」を論じるのは、実は容易なことではない。というのも、私たちの日常において、「意味」という言葉の表すものが多岐にわたるからだ。しかし、この問題の一部については、先に導入した「含意される内容かどうかを判定するテスト」が役に立つことがある。

たとえば、次の例を考えていただきたい。

（1）a．校長先生は太郎に卒業証書を授与した。
　　b．太郎は校長先生に卒業証書を授与された。

（1）aは能動態の文、（1）bは受動態の文だ。能動態と受動態についても、「同じ意味だろう」と言う人もいれば、「いいや、違う意味だ」と言う人もいる。確かに、（1）aとbの間には、「校長先生と太郎のどちらに焦点を置いて状況を述べるか」という違いはある。しかし、どちらも「同じ出来事を表している」ということは言えそうだ。

後者のような、「現実世界において、同じ出来事や状況を表すかどうか」ということは、先ほどのテストを次のように変えれば判定できる（すぐ後で具体例を挙げるので、読み飛ばしていただいても構わない）。

二つの文が同じ状況を表すかどうかを判定するテスト
（I）．二つの文A、Bをつなげる。
（II－1）．文Aを肯定して、文Bを否定してみる。

（Ⅱ－2）．文Bを肯定して、文Aを否定してみる。

（Ⅲ）．（Ⅱ－1）と（Ⅱ－2）に矛盾が生じるか判断する。

（Ⅲ－1）．（Ⅱ－1）（Ⅱ－2）の両方で矛盾が生じるなら、文Aと文Bは同じ状況を表す。

（Ⅲ－2）．（Ⅱ－1）でのみ矛盾が生じるなら、文Bの表す状況は、文Aの表す状況を含む。

（Ⅲ－3）．（Ⅱ－2）でのみ矛盾が生じるなら、文Aの表す状況は、文Bの表す状況を含む。

（Ⅲ－4）．（Ⅱ－1）（Ⅱ－2）のどちらにおいても矛盾が生じないなら、文Aの表す状況と、文Bの表す状況との間に包含関係はない。


実はこのテストは、二つの文がお互いを含意するかどうかを見極めるものだ。二つの文がお互いを含意するようであれば、二つの文が表す状況（すなわち、二つの文が本当であるような状況）はまったく同じ、ということになる。

このテストを使って、（1）aと（1）bが同じ状況を表すかどうかを確かめてみよう。まずは手順の（Ⅱ－1）（Ⅱ－2）に従って、（1）aの肯定とbの否定をつなげた文、および（1）bの肯定とaの否定をつなげた文をつくる。

（1）aの肯定とbの否定をつなげた文：
校長先生は太郎に卒業証書を授与したが、太郎は校長先生に卒業証書を授与されたわけではない。

（1）bの肯定とaの否定をつなげた文：
太郎は校長先生に卒業証書を授与されたが、校長先生は太郎に卒業証書を授与したわけではない。

皆さんにも、これらの両方に矛盾があることを感じていただけると思う。矛盾を感じないようにするには、太郎と校長先生が実は異なる世界に住んでいるとか、太郎の分身や校長先生の分身が存在するとか、現実を超えたSF的な設定を考えなくてはならない。このこと自体、現実的な世界においては両方の文が矛盾していることの表れである。よって、（Ⅲ－1）により、（1）a、bの表す状況は同じであると結論づけられる。

練習問題として、他の例も見てみよう。次の（2）aと（2）b、および（3）aと（3）bは、それぞれ同じ状況を表すだろうか？

（2）a．太郎と花子は今日旅行に出かけた。
b．太郎と花子は今日新婚旅行に出かけた。

（3）a．花子の絵は綺麗だ。
b．花子の絵は美しい。

（2）a、bについて先ほどのテストを適用すると、次のようになる。

（2）aの肯定とbの否定をつなげた文（カッコ内は省略して読んでもOK）：
太郎と花子は今日旅行に出かけたが、（太郎と花子は今日）新婚旅行に出かけたわけではない。

（2）bの肯定とaの否定をつなげた文（カッコ内は省略して読んでもOK）：
太郎と花子は今日新婚旅行に出かけたが、（太郎と花子は今日）旅行に出かけたわけではない。

前者に矛盾は感じられないが、後者には感じられるという人がほとんどだろう。後者のように、「新婚旅行に出かけたのに旅行に出かけていない」というのは、現実世界の状況としては明らかにおかしい。これは、テストの手順の（Ⅲ－3）のケースに相当する。つまり、（2）aの表す状況（旅行に出かけた）が、（2）bの表す状況（新婚旅行に出かけた）を含むということになる。

（3）a、bについて、肯定と否定をつなげた文を作ると次のようになる。

（3）aの肯定とbの否定をつなげた文（カッコ内は省略して読んでもOK）：
花子の絵は綺麗だが、（花子の絵は）美しいわけではない。

（3）bの肯定とaの否定をつなげた文（カッコ内は省略して読んでもOK）：
花子の絵は美しいが、（花子の絵は）綺麗なわけではない。

これらをどう感じるかには個人差があると思う。両方に矛盾を感じる人は、これらの文が同じ状況を表すと思っているはずだ。それはすなわち、その人の中で、「美しい」が表す状態・性質と、「綺麗だ」が表す状態・性質が同じであることを示唆している。

これに対し、前者の「花子の絵は綺麗だが、美しいわけではない」にのみ矛盾を感じる人にとっては、「美しい」が表す状態・性質が「綺麗だ」が表すそれを含んでいると言える。言い換えると「綺麗なものはすべて美しいが、美しいものがすべて綺麗なわけではない」と考えていることになる。他方、後者の「花子の絵は美しいが、綺麗なわけではない」にのみ矛盾を感じる場合は、「綺麗だ」が「美しい」を含んでいる。つまりそのように感じる人は、「美しいものはすべて綺麗だが、綺麗なものがすべて美しいわけではない」と考えていることになる。

どちらにも矛盾を感じないという人にとっては、「美しい」と「綺麗だ」の表す状態・性質の間に包含関係がないということになる。ただしこれは、「美しいもの」と「綺麗なもの」の間の重なりがまったくない、ということではない。その人の中で「美しくて綺麗なもの」も存在するかもしれないが、一方が他方を含むような関係にない、ということだ。「綺麗さ」と「美しさ」は多くの人にとっては似たようなものかもしれないが、岡本太郎のようにはっきり「違う」と言う人もいる。状態や性質や感覚を表す表現の解釈は、人によって異なるのが普通だ。それが言葉の「味わい」でもあるし、お互いの感覚の違いについて人と話し合うのも楽しい。このテストは、そういった個人差を確かめるのに使うこともできる。

## 背景的な意味を識別する

第一章（p. 40）では、言語表現の中に「背景的な意味」を持っているものがあることを見た。ここでは、そういった背景的な意味を識別する方法をご紹介しよう。その方法とは、1)否定文にしてみる、2)疑問文にしてみる、などといったものだ。

例として、第一章で挙げた「〜ことを知っている」を見てみよう。「〜ことを知っている」が持つ背景的な意味は、「〜」にあたる部分が話し手にとって真実である、というものだった。つまり「太郎は、花子が犯人であることを知っている」という文の背景的な意味は次のとおりだ。

太郎は、花子が犯人であることを知っている。

↓（背景的な意味）話し手にとって「花子が犯人である」ことが真実である。

ではこれを否定文と疑問文にしてみよう。すると、次のようになる。

（否定文）太郎は、花子が犯人であることを知らない。
（疑問文）太郎は、花子が犯人であることを知っているの？

ご覧のように、否定文にしても疑問文にしても、「花子が犯人である」が話し手にとって真実であることには変わりがない。こんなふうに「背景的な意味」は、否定文や疑問文にしたときに「話し手にとっての真実として生き残る部分」として識別できる。

背景的な意味を持った表現や構文はかなりある。練習問題として、次の文を否定文や疑問文に変えてみて、各文のどの部分がどのような「背景的な意味」を持つのか調べてみよう。

（1）花子は太郎と結婚したことを後悔している。
（2）あの鐘を鳴らすのはあなただ。
（3）課長の奥さんは中国拳法の使い手だ。

まずは（1）から見てみよう。（1）を否定文および疑問文にすると次のようになる。

（否定文）花子は太郎と結婚したことを後悔していない。
（疑問文）花子は太郎と結婚したことを後悔しているの？

こんなふうに否定文や疑問文にした場合に、「話し手にとっての真実として生き残る部分」は何だろうか？　当たり前のことだが、「花子は太郎と結婚したことを後悔している」という文全体の内容は、否定文では否定されるし、疑問文では疑問視される。つまり、真実として生き残らない。否定文でも疑問文でも生き残るのは、「花子は太郎と結婚した」という部分であり、これが背景的な意味だ。「～ことを後悔している」のような表現は、「～ことを知っている」と同じく、「～」の部分が背景的な意味を担う。

花子は太郎と結婚したことを後悔している。
↓（背景的な意味）花子は太郎と結婚した。

では、（2）の「あの鐘を鳴らすのはあなただ」はどうだろう？

（否定文）あの鐘を鳴らすのはあなたではない。
（疑問文）あの鐘を鳴らすのはあなたなの？

これは今までに見た例よりは少し分かりづらいかもしれないが、「あの鐘を鳴らすのは」の部分に注目してほしい。否定文であれ疑問文であれ、この部分が担っている「（誰かが）あの鐘を鳴らす」という内容自体は生き残っている。つまりこれが背景的な意味だ。（2）のように「ナントカ（従属節）なのはカントカだ」という形をした文で、「ナントカ」の中の空所を「カントカ」が埋めるような構文は「分裂文」と呼ばれる。分裂文においては、「ナントカなのはカントカだ」の「ナントカ」の部分が背景的な意味を担う。

あの鐘を鳴らすのはあなただ。

↓（背景的な意味）誰かがあの鐘を鳴らす。

（3）の「課長の奥さんは中国拳法の使い手だ」は、次のようになる。

（否定文）課長の奥さんは中国拳法の使い手ではない。

（疑問文）課長の奥さんは中国拳法の使い手なの？

ここで重要なのは、「課長の奥さん」という表現だ。課長の奥さんが中国拳法の使い手であろうとなかろうと、「課長の奥さん」という表現が使われているかぎり、「課長には奥さんがいる」という内容自体が話し手にとって真実であることは変わらない。今までに見てきた例からするとやや変化球に見えるかもしれないが、背景的な意味の中には、こんなふうに名詞（句）が担うものもある。

以上のように、「否定文や疑問文にして生き残る部分を見る」というテストは背景的な意味をあぶり出す上で有効なのだが、使えない場合もわりとある。たとえば、「なぜ〜なのか？」とか「どうやって〜なのか？」といった疑問文の「〜」の部分は背景的な意味にあたるが、これらはもともと疑問文なので疑問文にはできないし、否定文にもできない。よって、今まで使っていたようなテストを適用できない。

なぜあなたは昨日欠席したの？
↓（背景的な意味）あなたは昨日欠席した。

あなたはどうやって家に帰ったのですか？
↓（背景的な意味）あなたは家に帰った。

このような限界はあるものの、否定文にしたり疑問文にしたりするテストは「もしかしたら、これは背景的な意味だろうか？」とか「この表現は背景的な意味を持つのだろうか？」と思った時に手軽に使えるので、知っておいて損はないかもしれない。

**注意事項：現象の複雑さと個人差**

以上、言語学において言葉を分析するときに使われるテストをいくつか紹介した。この章でもたびたび申し上げたとおり、ここで紹介した方法は万能ではない。さきほどの「背景的な意味を識別するテスト」のように、適用できる範囲が限られている場合もあるし、さまざまな要因によって思うような結果が出ない場合もある。

ここで強調しておきたいのは、物理や化学の実験が熱や重力や空気の有無などに影響されるのと同様に、私たちの言葉の知識を探る実験もさまざまな要因に影響されるということだ。人間の言語理解の本質を探るには、本質を見えにくくしている雑多な要因を丁寧に取り除いていかなければならない。そのためには、そういった要因の一つ一つについてもできるだけ知っていなければならないし、分析に使うテストがどのような原理に基づいているのかも熟知していなければならない。この章を読んでそのあたりに興味を持たれた方は、ぜひ言語学の解説書などに進んでいただきたい。

この章の内容に関して、もう一つ補足しておきたいことがある。それは、テストの結果に個人差があってもおかしくない、ということだ。第二章の冒頭でも少し述べたように、文の自然さや意味解釈についての判断には個人差がみられる。この本ではできるだけ、大勢の人の間で判断が一致しそうな例を選んでいるが、読者の皆さんの中には、私が述べる感覚とご自身の感覚が一致しないと感じられた方もいらっしゃると思う。これはある意味仕方のないことで、同じ日本語を話している人々の間でも、方言差や世代差によって言葉についての感覚に若干の違いが出てくるのが普通だ[22]。また、同じ人でも、時間を置けば判断が変わってくることがある。

こういった個人差をどう扱い、どう説明するかは理論言語学では大きな問題となっている。実のところ、このあたりについて真正面から取り組まれ始めたのは比較的最近のことであり[23]、今後発展が期待される部分でもある。

# 第四章　普段の言葉を振り返る

以上、第一章から第三章では、理論言語学が研究対象とする「無意識の知識」とはどんなものか、またそういったものをどのように分析するかを紹介してきた。最終章となるこの章では、日常的に起こりそうな「言葉の問題」を取り上げ、主に理論言語学の観点から何が言えるかを考えていきたい。もっとも、日常の言葉の問題はきわめて複雑であるため、理論言語学だけで解決できることはほとんどない。よって、以下では筆者の個人的な意見も少々述べることになるが、ご了承いただけると幸いである。

以下では「言葉に関する、ありがちな相談」について考えるという形式を採る。皆さんにもぜひ、「私ならこうする」などと考えながら読んでみていただきたい。

## 人前に出す文章を添削する

社会人であれ学生であれ、自分や他の人が書いた「人目に触れる文章」を確認したり修正したりする機会はそれなりにあると思う。まずはそういったケースを想定して、主に本書の第一章・第二章の内容を振り返ってみよう。

【相談】私の会社では、近く社長の就任一周年記念パーティーを開催することになりました。私の同僚が司会者用のスピーチ文面を作成し、「この文章でいいかどうか見て欲しい」と言ってきたのですが、どこをどのように修正すればいいでしょうか？

（以下、スピーチ文面）

「本日は、田中社長の就任一周年記念パーティーにお集まりいただき、誠にありがとうございます。

田中社長は、背任と横領の罪に問われ検察に逮捕された前社長に代わり、我が社を見事に立て直してくださいました。社長が就任された当時は、社内の雰囲気が暗く、社員同士の交流も、前に比べてあまり少なくなっていました。社長は就任以来、どのようにすれば社の雰囲気が改善し、一人一人が我が社の仕事を通して夢を実現できるような会社を目指してこられました。社長の理想は一年という短い期間で実現したのは、社長のリーダーシップと情熱の賜物に他なりません。

本日は、社長のお気に入りの若い女性にも人気のレストランからお料理を取り寄せました。デザートには、メロンと桃のコンポートをご用意しております。社長は食通でいらっしゃるだけでなく、ピアノもお得意でいらっしゃいます。社長のような才能のない人間にとっては、まったく驚くばかりでございます。お食事の後には、社長が高校生の頃からピアノを教えてこられた佐藤様による演奏もございます。どうぞ最後までお楽しみください」

一定の社会人経験をお持ちの方からすると、この文章には内容的にもさまざまなツッコミどころがあるかもしれない。ただし、ここでは内容的なことやマナー的なことには触れず、これまでの復習として、どの部分をどのように修正した方がいいか見ていきたい。

（問題の部分その1）
田中社長は、背任と横領の罪に問われ検察に逮捕された前社長に代わり、我が社を見事に立て直してくださいました。

この部分は第二章で見た、「新郎の太郎くんは、事業の失敗で借金を抱えたため、死ぬことすら考えていた僕に～」と同じパターンだ。くわしくは、p．71を参照のこと。今のままでは聴衆をぎょっとさせてしまうかもしれないので、「背任と横領の～逮捕された」の部分が「田中社長は」の直後に来ないようにした方がいいだろう。修正案としては、以下のようなものがある。

（修正案）田中社長は、前社長が背任と横領の罪に問われ検察に逮捕された後、我が社を見事に立て直してくださいました。

（問題の部分その2）
社員同士の交流も、前に比べてあまり少なくなっていました。

ここのポイントは「あまり少なくなっ（た）」という言い回しだ。これは第二章で見た「ろくに睡眠不足なんだよね」と同種の例なので、くわしくは、p．73以降を参照のこと。こういう場合は単に「あまり」を削除するか、後の方に「ない」が入るような表現に変えるといい。

（修正案1）社員同士の交流も、前に比べて少なくなっていました。
（修正案2）社員同士の交流も、前に比べてあまり多くはなくなっていました。

（問題の部分その3）
社長は就任以来、どのようにすれば社の雰囲気が改善し、一人一人が我が社の仕事を通して夢を実現できるような会社を目指してこられました。

この例は、「どのように」という疑問詞が現れているにもかかわらず、後の方に疑問を表す助詞「か」が現れていない例だ。こちらも第二章のp．73以降を参照のこと。修正案1のように「どのようにすれば」を削除するか、修正案2のように「か」を入れると自然になる。

（修正案1）どのようにすれば社の雰囲気の改善と、一人一人が我が社の仕事を通して夢を実現できるような会社づくりを目指してこられました。

（修正案2）どのようにすれば社の雰囲気が改善し、一人一人が我が社の仕事を通して夢を実現できるような会社になるかを考えてこられました。

（問題の部分その4）

社長の理想は一年という短い期間で実現したのは

ここで注意すべきなのは、「社長の理想は」という部分、つまり助詞「は」の使い方である。第二章p．86以降で、従属節の中に現れる「は」が不自然に感じられる例を見た。この「社長の理想は一年という短い期間で実現した」という部分も従属節であるため、「社長の理想は」に違和感を覚える人がかなりいると思われる。ここは「が」に変えた方が良いだろう。

（修正案）社長の理想が一年という短い期間で実現したのは

（問題の部分その5）

社長のお気に入りの若い女性にも人気のレストラン

この部分については、多くの方が「問題あり」と判断されたことと思う。このままだと、まるで社長が誰か若い女性を気に入っているかのように聞こえてしまう。この部分の曖昧性は、「レストラン」の前に連なる部分の構造が少なくとも二通り考えられることに起因している。第二章で見た「かっこいい俺の車」と同じタイプの曖昧性だ。

この文章を作成した人がここで言おうとしているのは、「社長のお気に入りのレストランで、なおかつ若い女性にも人気の店」だ。この解釈は、次のような構造に相当する。

［社長のお気に入りの［若い女性にも人気の　レストラン］］

この構造では、「レストラン」が「若い女性にも人気の」とかたまりをなし、そのかたまり全体が「社長のお気に入りの」と結びついてさらに大きなかたまりをなしている。

これに対し、多くの人が真っ先にこの句に当てはめる構造は次のようなものだ。

［［社長のお気に入りの　若い女性］にも人気の］　レストラン］

この構造では、「社長のお気に入りの」が「若い女性」とかたまりをなし、それが「にも人気の」と結びつき、その上で「レストラン」と結びついている。この構造だと「社長のお気に入りの」が「若い女性」を修飾することになるので、あたかも社長が若い女性を気に入っていると言っているかのように聞こえてしまう。これを回避するには、次のように「社長のお気に入りの」と「若い女性にも人気の」を切り離すという手がある。

（修正案）社長のお気に入りのレストランで、若い女性にも人気の◯◯（店名）

ちなみに「社長のお気に入りの」と「若い女性にも人気の」の語順を入れ替えることによっても「社長が若い女性を気に入っている」という解釈は回避できるが、その場合は「若い女性にも人気の社長のお気に入りのレストラン」となり、これはこれで「社長を持ち上げすぎ」という印象を与えてしまうかもしれない。

（問題の部分その6）
メロンと桃のコンポートをご用意しております。

これは非常に細かい指摘になるが、「メロンと桃のコンポート」が、「［メロンと桃］のコンポート」なのか、「［メロン］と［桃のコンポート］」なのかで曖昧である。この曖昧性は、第三章（p. 131）で見た「入れ替えテスト」で明らかになる。

［［メロン］と［桃］］のコンポート　→（入れ替え）桃とメロンのコンポート

［メロン］と［桃のコンポート］ ↓（入れ替え）桃のコンポートとメロン

つまり前者の場合は、「メロンと桃の両方がコンポート（シロップ煮）になっているデザート」だが、後者は「コンポートではない生のメロンと、コンポートになっている桃」という解釈になる。おそらくデザート程度のことでガタガタ言う人は少ないだろうが、一応曖昧だということだけは押さえておこう。

（問題の部分その7）

社長のような才能のない人間にとっては

これは第一章のp. 28以降で見た「あなたのように写真が上手ではない人」と同種の問題だ。つまり、「ない」の影響範囲が次の二通りに解釈できるために曖昧になっている。

［社長のような才能の］ない人間＝社長が持っているような才能を持たない人間
社長のような［才能の］ない人間＝才能を持たない、社長のような人間

つまり書き手は前者のように「社長とは違って才能を持たない、私のような人間」とへりくだっているわけだが、後者のように社長を貶める解釈も存在する。ひどい誤解が生じないように、

曖昧さのない言い方に変えるべきだろう。

（修正案）社長と違い、才能を持たない私のような人間にとっては

（問題の部分その8）

社長が高校生の頃からピアノを教えてこられた佐藤様

これは、第二章p．92で紹介した「言葉に現れない要素」が複合的に絡み合っている例で、「誰が誰に、誰の子供の頃からピアノを教えてきたのか」という点に関していくつかの異なる解釈がある。これを聞いた人が最初に思いつく解釈は、おそらく次の二つのうちのどちらかだろう。

ａ．社長が佐藤さんに、佐藤さんが高校生の頃からピアノを教えてきた。
ｂ．佐藤さんが社長に、社長が高校生の頃からピアノを教えてきた。

ａの場合、社長が「ピアノの教師」で、佐藤さんは「高校生の頃から社長にピアノを習ってきた人」だ。ｂの場合は、佐藤さんが「ピアノの教師」、社長が「高校生の頃から佐藤さんにピアノを習ってきた人」という解釈になる。

これら二つの解釈には、第二章で見た「ゼロ代名詞」と「関係節内の空所」が関わっている。

aとbに対応する構造を次に示しておこう。ゼロ代名詞の部分は傍線で、関係節内の空所は波線で示している。構造にすると複雑だが、私たちはこれほど複雑な構造を持った句を瞬時に理解しているのだ。

aの解釈に対応する構造：

［社長が（佐藤様に）［（佐藤様が）高校生の頃から］（対応）ピアノを教えてこられた］佐藤様

bの解釈に対応する構造：

［（佐藤様が）［社長が　高校生の頃から］（対応）（社長に）ピアノを教えてこられた］佐藤様

修正案としては、以下のようなものが挙げられる。

aの解釈の場合（社長が佐藤さんにピアノを教えていた場合）

高校生の頃から社長にピアノの指導を受けてこられた佐藤様

bの解釈の場合（佐藤さんが社長にピアノを教えていた場合）

社長の高校時代からのピアノの先生でいらっしゃる佐藤様

ちなみに、元の句にはまた別の解釈もある。

c．社長が、社長が高校生の頃から、佐藤さんにピアノを教えてきた。

（構造）　（対応）

［社長が［（社長が）高校生の頃から］（佐藤様に）ピアノを教えてこられた］佐藤様）

この解釈では、社長が「高校生のときにピアノの先生をやっていた」ということになる。高校生がピアノの先生をやるというのはあまりなさそうだが、まったくないわけでもないと思うので、このような解釈をする人がいてもおかしくはない。とにかく「言葉に現れない要素」が複数絡むと可能な解釈が一気に増えることは、覚えておいて損はないだろう。

## 「ちょっと分かりにくい」婉曲表現

次に、言葉の多義性について復習しよう。世の中には、母語話者が気づきにくい多義性が存在する。

**【相談】**会社の人事部で採用を担当しています。最近、日本語を話せる外国人の方を募集して、何人かの応募者と面接をしました。面接の時、ある応募者に「採用はちょっと難しいですね」と言ってお断りしたところ、その方はなぜか「採用してもらえるかもしれない」と誤解してしまいました。これは文化の違いでしょうか?

実は、この相談例は実際に論文に報告された事例をもとにしている[24]。日本語を外国語として学ぶ人々にとって、日本語の「ちょっと」は簡単ではないらしいのだ。これは、「ちょっと」という言葉の多義性による。

せっかくなので、第三章で紹介した「置き換えテスト」を応用して考えてみよう。もし「ちょっと」とはどういう意味かと尋ねられたら、多くの人は『少し』とだいたい同じ意味だ」と答えると思う。実際、次のような例では、「ちょっと」を「少し」に置き換えてもほとんど意味が変わらないし、違和感もない。

ちょっと待ってくださいね。
↓
少し待ってくださいね。

彼女はちょっとしか食べない。
↓
彼女は少ししか食べない。

しかし、「採用はちょっと難しいですね」はどうだろうか。

採用はちょっと難しいですね。
↓
採用は少し難しいですね。

「少し難しい」の方は「ちょっと難しい」に比べると、いくぶんポジティブに聞こえると思う。どうやら、「採用はちょっと難しい」というのは「少し難しい」とまったく同じではなさそうだ。むしろ、「ちょっと」の方は「少し」どころではない、より高い難易度を示していると考えられる。

辞書を引くと、こういう「ちょっと」の語義は「そう簡単にはできない」「相当難しい」ことを婉曲的に表すものとして紹介されている。しかし、日本語学習者の方々にとっては、「少し」を表す「ちょっと」と、難易度の高さを婉曲的に表す「ちょっと」を区別するのが難しいのだという。よって、「採用はちょっと難しいですね」という断り文句を聞いて、「採用の難しさは少しなのだから、もう少し頑張れば採用してもらえる」と誤解するケースがあるらしいのだ。

ちなみに、「ちょっと」には次のような語義もある。

ちょっと、あんた、何してんのよ！（呼びかけの用法）

俺は、地元ではちょっと知られたワルだったんだぜ?（「結構」に近い意味）

これらも、「少し」には置き換えづらい「ちょっと」だ。実際、「少し、何してんのよ!」は意味不明だし、「俺は、地元では少し知られたワルだったんだぜ」には元の文にはない妙な謙虚さがある。

日本語を母語とする人たちの多くが「ちょっと」の多義性にあまり煩わされず、「このときは婉曲で、このときは違う意味」と適切に判断し、難なく使いこなしているのは不思議なことだ。日本語には他にも多くの婉曲的な表現があり、それらのほとんどは「ちょっと」と同じく多義性を持つ表現である。その一つである「(〜の)方」は、婉曲を表す用法に加えて、方角を表す用法がある。

「方」

・婉曲的な「方」
では、書類の方をお預かりします。
お砂糖の方はおつけしますか?

・方角を表す「方」
山の方からカラスが飛んできた。

裏庭の方で物音がした。

これらの「方」の違いは、「方」を「方角」に置き換えるとはっきりする。

・方角を表す「方」:「方角」に置き換えられる。

山の方からカラスが飛んできた。

←山の方角からカラスが飛んできた。

・婉曲的な「方」:「方角」に置き換えると不自然になる。

では、書類の方をお預かりします。

←＊では、書類の方角をお預かりします。

読者の皆さんの中には、「方」を使った詐欺のことを思い出された方もいらっしゃるかもしれない。それは、水道局員の格好をした悪質な業者が「水道局の方から来ました」と言って人の家に上がり込み、高額な商品を売りつけたり、やってもいない修理の代金を請求したりするというものだ。「水道局の方から来ました」と言われた側は、その「方」を婉曲の「方」だと解釈して

「この人は水道局の人なんだな」と思ってしまう。また、たとえ水道局員でないことを見破ったとしても、詐欺師の方は「私は『水道局の方角から来た』と言っただけですよ」などと言い逃れしたりするらしい。

「水道局の方」の例は、話し手がわざと曖昧なことを言って聞き手の誤解を誘う例だが、そういう意図がなくても曖昧な言葉を口にしてしまうことはある。そして多くの場合、話し手は自分の言葉の曖昧さに気づかない。話し手にとっては「自分はこういうつもりで言っている」ことが明らかなので、他の解釈の可能性があることになかなか思い至らないのだ。

これに対する対処は難しい。とにかく言葉というものが私たちの想像よりもはるかに曖昧であることを普段から意識し、自分が言ったことに対して相手が予想外の反応を示したら「もしかしたら、自分の言葉が曖昧だったかな?」と振り返る癖をつけるしかない。「置き換えテスト」から見えてくる多義性に目を向ければ、言葉の難しさを改めて認識することができるし、慣れない外国語を使って生活する方々の気持ちも少しは推し量れるかもしれない。

### 誠意ある対応――あやふやな言葉のトラブル

日常では、あやふやな言葉で話をはぐらかされることがよくある。次の相談について考えてみよう。

【相談】先日、購入したばかりの高額な商品に欠陥が見つかりました。購入先の業者に電話をして文句を言ったところ、担当者は「迅速に、誠心誠意対応させていただきます。上の者と相談して近日中にご連絡差し上げますので、たいへん恐縮ですが今しばらくお待ちください」と言いました。私はきちんと対応してくれるのだろうと思って待っていましたが、何日経っても連絡がありません。もう一度電話をすると、同じ担当者が「たいへん申し訳ございません。迅速に、誠心誠意、丁寧に対応させていただきます」と言い、その数日後に家に菓子折が届きました。その後何の連絡もなく、こちらから連絡しても電話に出ないのでその業者の事務所に出向いたら、なんともぬけの殻になっていました。相手の言葉を信用した私が悪かったのでしょうか？

このような悪質な業者の問題は言語学だけで対応できるものではないので、ここではあくまで言葉の面にのみ注目しよう。問題は、担当者が言った「迅速に、誠心誠意対応させていただきます」にある。ここには、第一章で説明した「不明確性」が関わっている。

第一章では、「回す」「切る」「捕まえる」などの言葉が実は抽象的であり、具体的な行為として実現しようとするとその「やり方」に膨大な数の選択肢が出てくることを見た。この相談にある「迅速に、誠心誠意対応させていただきます」は、それらよりもはるかに抽象的だ。「迅速に」と言われても具体的にいつなのか分からないし、「誠心誠意対応させていただきます」と言われたところで、具体的に何をしてもらえるのか分からない。

こういうとき重要なのは、「具体的にどのように対応するのか」を相手に問いただして、言質《げんち》を取ることだろう。しかし、相談者はそれをやらなかった。それはおそらく、「常識的に考えて、相手は何をすべきか分かっているはずだ」という思いがあったからだ。

第一章で説明したとおり、私たちは言葉の不明確性を補うときに、常識や文化や慣習に関する知識を使う。また、そういった知識が自分と相手との間で共有されていることを土台にして、相手の言葉に明確に表れていない部分を補って理解し、相手もこちらの言葉を補ってくれると考える。「ジャガイモを切っといて」という不明確な指示が通じると思うのは、自分と相手との間で「ジャガイモの切り方」についての常識が共有されている、という思いがあるからだ。しかし世の中には、「常識が共有されているだろうという思い」を逆手にとって、具体的なことを何一つ言わず、相手の期待を裏切り、その上でまったく責任を取らずに済まそうとする人たちも少なからずいる。相談者のような目に遭わないためには、相手のぼんやりとした言葉を自分が都合よく受け取っていないか注意して、具体的な契約をあらかじめ文書で残しておくなどといった対策をすることが必要だろう。

ちなみに、「常識が自分と相手との間で共有されているかどうか」をあらかじめ知ることは難しい。「ジャガイモを切っといて」と頼んだ相手がこちらの思ったとおりの切り方をするかどうかは、たいていの場合、相手がジャガイモを切っているときに初めて分かるものだ。事前に相手が「ジャガイモの切り方が分からないので教えてください」と言ってくれればいいが、その人がジャガイモの切り方を勘違いしていたり、適当にやればいいやと思っていたりするとそうはいかない。何であれ、「初回」は言葉の不明確さによる事故が起こりやすいと思っておいた方がいい。

## 「言った、言わない」が起こるわけ

自分の言ったことに対して、他人から余計な「色付け」をされてしまうこともよくある。次のケースを見てみよう。

【相談】先日、私は会社の広報誌のインタビューを受けました。私はインタビュアー（Q）の質問に対して次のように答えました。

Q：ご趣味は何ですか？
私：太極拳です。
Q：どれくらい長く続けていらっしゃるんですか？
私：そうですねえ。確か、震災のあった年に始めたので、九年になるかと思います。
Q：我が社の職場環境についての意見をお聞かせください。
私：社員がみな生き生きと働いているのが良いと思います。私の同僚の中にも結婚して子育てをしながら働いている人がいますが、会社の制度が充実しているので、仕事と家庭の両立がうまくできているようです。私は今独身ですが、もし将来結婚して子供を持ったとしても、この会社なら安心して仕事を続けられると思います。

後日、発行された広報誌の記事を見てみると、私のインタビューがこんなふうにまとめられていました。

「〇〇さんの趣味は太極拳。震災をきっかけに始めた。我が社の魅力は、社員たちが仕事と家庭をうまく両立しているところ。〇〇さんも早く結婚して、子供を育てながら仕事を続けたいという」

この中には私が言った覚えのないことが入っているのですが、なぜこうなってしまったのでしょうか？　記事を見た人たちからは「今、婚活中なの？」などと言われるし、いい迷惑です。

この記事には、相談者が言ってもいないことが少なくとも二つ書かれている。一つ目は、「震災をきっかけに（太極拳を）始めた」という部分である。「～をきっかけに」という言葉は動機や理由を表すので、この部分を文字通りに解釈すれば、相談者が「震災を経験したために」太極拳を始めた、ということになる。しかしインタビューにおいて相談者が言ったのはあくまで「震災のあった年に始めた」ということで、このことは必ずしも「震災をきっかけに始めた」ことを意味しない。

ここで言う「意味しない」というのは「含意しない」ということである。このことは、第三章で見た「含意される内容かどうかを判定するテスト」によって示すことができる。相談者の言ったことと、記事に書かれた文の否定をつなげると、次のようになる。

（相談者の言ったことの肯定と、記事に書かれた文の否定をつなげた文）
私は震災のあった年に太極拳を始めたが、震災をきっかけに太極拳を始めたわけではない。

もし相談者の言ったことが「震災をきっかけに始めた」という内容を含意しているのであれば、この文に矛盾が感じられるはずである。しかし実際には、ほとんど矛盾は感じられないはずだ。このことから、前者が後者を含意しているわけではないということが分かる。

記事中の「○○さんも早く結婚して、子供を育てながら仕事を続けたいという」という部分にも同様の問題がある。インタビューで相談者は「私は今独身ですが、もし将来結婚して子供を持ったとしても、この会社なら安心して仕事を続けられると思います」と答えているが、これは必ずしも「早く結婚して、子供を育てながら仕事を続けたい」ということを含意しない。このことも、同じテストによって示すことができる。次のように、相談者の言ったことと記事に書かれた文の否定とをつなげたものは、とくに矛盾を感じさせない。

（相談者の言ったことの肯定と、記事に書かれた文の否定をつなげた文）
私は、もし将来結婚して子供を持ったとしても、この会社なら安心して仕事を続けられると思うが、早く結婚して子供を育てながら仕事を続けたいわけではない。

このインタビュアーに限らず、私たちは他人の言うことを理解しようとするとき、たまに相手が言っていないこと（つまり、相手の言葉が含意していないこと）を勝手に付け加えてしまうことがある。中には悪意を持ってそういうことを故意に行う人もいるが、そのような意図がなくても、相手に対する先入観であるとか、相手の言葉から受けた勝手な印象を「相手が言ったこと」だと誤認して、そのまま言葉にしてしまうことはある。

また、自分が人から聞いたことを別の人に伝えるとき、相手に強い印象を与えたいという欲求が暗に働くのか、つい大げさで不正確な表現になってしまうことも多い。とくに、文の終わりにはそういった「不正確な言い換え」がよく見られる。たとえば次のようなものだ。

元の発言「～である可能性が高い」↓よくある不正確な言い換え「絶対に～である」
元の発言「～である可能性は低い」↓よくある不正確な言い換え「けっして～ではない」
元の発言「～しない方がいい」↓よくある不正確な言い換え「～してはならない」
元の発言「～は難しい」↓よくある不正確な言い換え「～は絶対にできない」

これらの言い換えが元の発言から含意されないことは、先のテストから明らかだ。なぜなら、次の各文には矛盾が見られないからである。

〜である可能性は高いが、絶対に〜であるわけではない。
〜である可能性は低いが、けっして〜ではないというわけではない。
〜しない方がいいが、〜してはならないというわけではない。
〜は難しいが、絶対にできないというわけではない。

他人の話を聞くとき、私たちはその中の「何がどうした」という具体的な情報を担う部分に目を向けがちだ。しかし、その人がその情報の信憑性や実現の可能性などをどう捉えているかは、たいてい文の終わりあたりで表現される。不正確な情報を広げてしまわないためには、その部分にも十分に気をつける必要がある。

他人が自分の言葉に対して不正確な言い換えをすると非常に気になるが、自分が他人に対して同じことをしているときは、なかなか気づくことができないものだ。自分が勝手な言い換えをする側にならないためにも、迷ったときはここで使ったテストを活用してみるといいかもしれない。

**同じ意味？　違う意味？**

言葉の意味について、他人と意見が一致しないこともよくある。次の相談を見ていただきたい。

【相談】先日、友人二人（A、B）とタピオカドリンクを飲みながら、以下のような軽い言い合いをしてしまいました。今でもモヤモヤするのですが、私たちの会話はどうすれ違っていたんでしょうか？

私「ねえねえ、『タピる』と『タピオカを飲む』って、同じ意味だよね？」
友人A「違うよ。『タピる』は若い人しか言わないし」
私「いや、だからさ、そういうことじゃなくて、『タピる』と『タピオカを飲む』って同じ意味だよね？」
友人A「違うって。『タピる』って言うと、『私は若いです』って言ってることになるけど、『タピオカを飲む』って言っても別にそういうことにならないじゃん」
友人B「いや、Aはおかしい。『タピる』って言ったって、『私は若いです』って言ってることにはならないよ。誰かが『タピる』って言ってるのを聞くと『あ、この人若いな』って思うけど、それは言葉のニュアンスであって、意味じゃないよ」
私「やっぱりそうだよね！　結局、『タピる』は『タピオカを飲む』っていう意味しかないよね？」
友人B「いや、あんたも間違ってる。『タピる』っていうのは単にタピオカを飲むことじゃなくて、友達と一緒に流行りのタピオカ屋に行って、タピオカを飲みながらおしゃべりすることだよ。そこまでやらないと『タピる』とは言えない」
私「えー、それは違うんじゃない？」

友人B「いいや、絶対そう。私はその意味以外、認めないから」
友人A「私はBが言う意味なんか認めないからね。『タピる』には絶対、『私は若い』っていう意味もあるんだから！」

この本の執筆時にはタピオカが流行っているので「タピる」という言葉は多くの人に知られていると思い、こういう例を作ってみた。２０２０年現在、「タピる」は主に若い人が使う言葉だが、もう少し時間が経てば「昔の若者（すなわち中年以上）しか言わない言葉」という認識に変わるかもしれない。その場合は友人Aの台詞を、「違うよ。『タピる』は中年しか言わないし」とか、『『タピる』って言うと、『私はかつてタピオカが流行った頃に若者でした』って言ってることになるけど」のように変えていただいた方がいいかもしれない。

世の中、嚙み合わない議論は多く存在するが、この相談者と友人たちの議論もその一つだと言える。原因は、三人が「タピる」という言葉に対して異なる受け止め方をしていることだ。とくに流行り言葉や新しい言葉というのは、人々の間で意味や用法が一致しないことがよくある。こういう場合、誰の理解の仕方が正しいかを決めるのは容易ではないが、少なくとも自分や他人がどういう受け止め方をしているかをある程度明確にすることはできる。ここでは、第三章で紹介した「含意される内容かどうかを判定するテスト」および「同じ意味かどうかを判定するテスト」を利用して、相談の中に出てきた三つの意見を整理してみたい。

まずは、読者の皆さんが「タピる」と「タピオカを飲む」についてどう感じられるかテストしてみよう。次のように、「タピる」と「タピオカを飲む」以外はまったく同じであるような文を作り、「同じ意味かどうかを判定するテスト」を適用する。

（1）a．私は家に帰る途中でタピった。
　　b．私は家に帰る途中でタピオカを飲んだ。

第三章で見たように、テストの手順では、まず両者をつなげ、片方を肯定し、片方を否定する。実際に（1）a、bをつなげて片方を肯定し、片方を否定すると（2）a、bのようになる。ちなみに、（2）のカッコ内は省略して読んでも構わない。

（2）a．（1）aの肯定と（1）bの否定をつなげた文
私は家に帰る途中でタピったが、（私は家に帰る途中で）タピオカを飲んだわけではない。
　　b．（1）bの肯定と（1）aの否定をつなげた文
私は家に帰る途中でタピオカを飲んだが、（私は家に帰る途中で）タピったわけではない。

（1）a、bの両方について「矛盾している」と感じる人は、相談者と同じく「私は家に帰る途中でタピった」と「私は家に帰る途中でタピオカを飲んだ」の表す状況が同じである、と考えていることになる（p．154のテストの（Ⅲ－1）のケースに相当する）。すなわち、両方に矛盾を感じ

る人たちにとっては、「タピる」と「タピオカを飲む」は「同じ行為（状況）を表している」ということになる。

これに対し、どちらかあるいは両方に矛盾を感じない人は、「タピる」と「タピオカを飲む」がまったく同じ行為ではないと考えていることになる。たとえば「タピる」に対して「タピオカの入った飲み物を飲むか、あるいはタピオカの入った食べ物を食べる」という意味を付与している人は、（2）aをおかしいとは感じないだろう。また、友人Aのように、「タピる」には「私は若い」という意味も含まれていると考える人や、友人Bのように「タピる」に「友人と一緒にタピオカ屋に行き、タピオカドリンクを飲みながら楽しくおしゃべりをする」などといった意味を付与している人にとっては、（2）bは矛盾しない。

さらに、友人Aの言う「『タピる』という言葉には『私は若い』という意味が含まれている」という主張をもう少し掘り下げてみよう。友人Aの主張のとおりなら、「私は家に帰る途中でタピった」という文は、「私は若い」という内容を含意していることになる。このことを、「含意される内容かどうかを判定するテスト」で検証してみよう。「私は家に帰る途中でタピった」という文と、「私は若い」という内容の否定をつなげると、次のようになる。

私は家に帰る途中でタピったが、（私は）若いわけではない。

この文に対して、矛盾は感じられるだろうか？　矛盾が感じられる人は、「タピる」を友人A

と同じように理解していることになる。ちなみに、私個人に関して言えば、とくに矛盾は感じない。「もう若くないのに、若い人がするようなことをしてみた」という照れのようなものは感じられるが、それは矛盾とは違うように思う。よって、少なくとも私の「タピる」の理解においては、友人Aの言うような「私は若い」という意味は入っていないようだ。

ただし、「タピる」という表現が、これを使う人の世代や集団についての情報を伝えるのは事実だ。言語表現の「意味」について議論する場合、できることなら次の二つを区別して論じることが望ましい。

a. 言語表現そのものが表している、現実世界の物事
b. その言語表現を使うことによって聞き手に伝わる、話し手本人の情報

実のところ、「含意される内容かどうかを判定するテスト」や「同じ意味かどうかを判定するテスト」によって判定できるのは、もっぱらaの方の意味である。

こんなふうに、言葉の意味にはさまざまな側面があり、文字どおりの意味にも受け止め方に個人差がある。他人の受け止め方を「おかしい」と切り捨てるより、「へえ、こんなふうに違うのね〜」と違いを認識した方がたぶん楽しいし、飲んでいるタピオカが不味《まず》くならなくていいかもしれない。

## 褒め言葉で怒らせないために

この本で見てきたとおり、言葉の意味にはさまざまなものがある。相手を褒めたつもりの言葉でも、その中に込められた意味の中に「相手に喜ばれないもの」が含まれている場合もある。

【相談】先日、今流行りの人工知能に関する講演を聞きにいきました。講師は女性の研究者で、とてもためになる話を聞くことができました。講演が終わった後、講師の方に「面白かったです。女性なのに人工知能の研究やってるなんて、すごいですねえ！」と言ったところ、なぜか気分を害されたようでした。何が悪かったのでしょうか？

この会話について、「どこが悪いの？」と思った人、「今どきこういうことを言うのはポリコレ的に良くないなあ」と思った人、また「女性差別だ！」と憤慨した人など、さまざまだと思う。ここでのポイントは、相談者の発言における「（な）のに」である。

「X（な）のにY」という表現には、これまでに何度か取り上げた「背景的な意味」、つまり「その表現を適切に使うために、事前に成り立っていなければならない内容」がある。それは、「Xは通常（／たいてい／本来ならば）Yではないはずだ」というものだ。

日曜なのに出勤しなくてはならない。
↓（背景的な意味）日曜は本来ならば出勤しなくていいはずだ。

小学生なのに、相撲で大人に勝った。
↓（背景的な意味）小学生は通常、相撲で大人に勝てないはずだ。
いい大学を出たのに、年収が低い。
↓（背景的な意味）いい大学を出ていれば、たいてい年収は低くないはずだ。

これらが背景的な意味であるということは、第三章で紹介した「背景的な意味を識別するテスト」で確かめることができる。たとえば右の各文を疑問文に変えた次の文でも、「Xは通常（／たいてい／本来ならば）Yではないはずだ」という意味が生き残っている。

日曜なのに出勤しなくてはならないの？
小学生なのに、相撲で大人に勝ったの？
いい大学を出たのに、年収が低いの？

つまり、「女性なのに人工知能の研究をしている」という文には、「女性は通常（／たいてい／本来ならば）、人工知能の研究をしないはずだ」という「背景的な意味」があるわけだ。誰かに向けてこのように発言すれば、話し手がそのように思っていることが相手に伝わってしまう。先の例において相談者は、講師の女性を褒めるつもりで発言したのだろうが、女性から見れば相談者の持つ「偏見」が気になって、あまりいい気分がしないかもしれない。こんなふうに、「背景的な意味」というのはけっこう怖いものだ。

　こういう失敗をしないようにするのは難しい。できることと言えば、ここで見た「（な）のに」のような「偏見が出やすい、危うい表現」に留意するぐらいだろうか。私自身も危うい表現をすべて知っているわけではないが、次のものには気をつけるようにしている。

- 「（私は／あなたは／あの人は）○○だけれども（／だが）、××だ」
- 「○○さえ（／すら／でも）××だ」
- 「（私は／あなたは／あの人は）○○だから（／なので）、××だ」

「（だ）けれども」「（だ）が」は、先に挙げた「（な）のに」と同類で、「逆接の接続詞」と呼ばれる。逆接の接続詞は「私は『普通はこうだろう』と思っていたが、実は違った」ということを表すため、話し手の思い込みが表面化しやすい。

「○○さえ（／すら／でも）××だ」のような表現は、「○○が××であるならば、○○以外のものは当然××である」という背景的意味を持つ。たとえば「猿にさえ分かる」とか「猿でも分かる」などと言うと、「猿に分かるんだったら、猿ではない者（つまり人間）には分かって当然だ」というふうに、お猿さんたちに対して失礼な偏見がにじみ出てしまう。

　また、理由を表す接続詞を含む「○○だから、××だ」とか「○○なので、××だ」は、話し手が「○○ならば、××だ」という、法則の形をした信念を持っていることを示唆する。たとえば、もし私が「私は言語学者だから、正しい言葉遣いをしなければならない」と言ったら、その裏にある「言語学者ならば（誰しも）、正しい言葉遣いをしなければならない」という信念も表に出ることになる[25]。これは他の言語学者の皆さんにとっては迷惑かもしれない。

偏見はどんなに気をつけていても言葉に表れてしまうものだが、書き言葉のように何度か見直せる類のものであれば、背景的な意味などに注意しながら推敲するとトラブルを避けるのに役立つかもしれない。

**誘導尋問のかわし方**

「背景的な意味」にはまた別の怖い面もある。次の相談について考えてみよう。

【相談】うちの会社に、Aさんというあまり仕事のできない人がいます。私は内心、「Aさんは仕事が雑だなあ」と思っていたのですが、口に出したことはありませんでした。そんなある日、同僚が私にこう尋ねてきました。

同僚の質問「Aさんの仕事の仕方が雑なのは、昔からなの？」

私の答え「うーん、分からないなあ」

このやりとりがあった数日後、なぜか社内に、私が「Aさんの仕事の仕方は雑だ」と言ったという噂が広まっていました。そんなことを言った覚えはないのですが、なぜこんなことになったのでしょうか？

もし現実にこの相談者のような目に遭ったら、ちょっと困ることになりそうだ。しかし、相談者の発言に問題はあったのだろうか？

このケースにおいて、相談者は「Aさんの仕事の仕方は雑だ」と明言したわけではない。だから、社内で流れている噂は厳密には正しくない。相談者は、同僚からの「Aさんの仕事の仕方が雑なのは、昔からなの？」という質問に対して、「分からないなあ」とあやふやに答えただけだ。だが、「あやふやであれ、質問に答えた」ということ自体が、実は問題なのである。

このことは、「ナントカなのはカントカだ」という表現の形式と関係がある。第三章で見たように、この構文（分裂文）の「ナントカ」の部分は「背景的な意味」を担う。つまり「Aさんの仕事の仕方が雑なのは昔からだ」のような文は、「Aさんの仕事の仕方は雑だ」という「背景的な意味」を持つ。また、背景的な意味は疑問文や否定文の中に入れられても、「話し手にとっての事実」として生き残る。つまり、「Aさんの仕事の仕方が雑なのは、昔からなの？」という疑問文の中でも、「Aさんの仕事の仕方は雑だ」という背景的な意味はバッチリ生き残っているのだ。つまりこの疑問文を発する人物は、「Aさんの仕事の仕方は雑だ」ということが事実であると考えていることになる。

この疑問文に普通に答えてしまうとどうなるか。なんと、答えた側も質問した側と同じ背景を受け入れたことになる。つまり相談者は、同僚の質問に普通に答えた時点で、「Aさんの仕事の仕方は雑だ」という事実を認めたことになる。しかも、次に見られるように、「うん（／はい）」と肯定しようと、「いいや（／いいえ）」と否定しようと、はたまた「分からない」とはぐらかそうと、結果は同じになってしまう。

質問：「Aさんの仕事の仕方が雑なのは、昔からなの？」
答え1：「うん」→「Aさんの仕事の仕方が雑なのは、昔からだよ」と言っているのと同じ。
答え2：「いいや」→「Aさんの仕事の仕方が雑なのは、昔からではないよ」と言っているのと同じ。
答え3：「分からない」→「Aさんの仕事の仕方が雑なのが、昔からかどうか分からない」と言っているのと同じ。

右に見られるように、どの答え方をしても結局、「Aさんの仕事の仕方は雑だ」という背景的な意味がその答えに含まれてしまう。こんなふうに「背景的な意味」は、相手に言わせたいことを言わせるための質問、つまり誘導尋問に使われることがある。この手の誘導尋問をかわすには、「何言ってるの？　私は、Aさんの仕事の仕方が雑だなんて思ってないよ」のように質問の背景を否定したり、「Aさんって仕事が雑なの？」とか「えっ？　あなたは、Aさんの仕事が雑だって思ってるの？」のように背景を疑う態度を見せたりして、自分がその背景を相手と共有していないことを明確に示すしかない。

## SNSで気をつけたい「大きい主語」

言葉のトラブルにつながりやすい、「主語が大きい」ケースについても考えてみよう。

【相談】先日、私がSNSで「言語学者は、実際に誰も言わないような変な文ばかり研究している」と発言したところ、とある言語学者から「何を言ってるんだ。そうじゃない言語学者だっているんだ」という反論がありました。こっちはそんなことぐらい承知の上で発言しているのですが、そんなことも分からないなんて言語学者と言えるのでしょうか？

ここで問題になっているのは、第一章と第三章で見た一般名詞（句）の意味だ。第三章では「猫」という一般名詞を例に挙げ、さまざまな解釈があることを見た。一般名詞の解釈のうち、この相談を考えるにあたって思い出すべきなのは「すべての○○」と「たいていの○○」だろう。つまりp．112の内容で言えば、「猫は動物だ」タイプと「猫はすばしっこい」タイプの解釈だ。

相談者は、「言語学者は、実際に誰も言わないような変な文ばかり研究している」という発言によって、「たいていの言語学者は〜」とか「言語学者は一般に〜」ということを意図したつもりだった。しかし「言語学者」という一般名詞は曖昧であり、この文も「すべての言語学者は〜」とか「言語学者はどの人も例外なく〜」のように解釈することが可能だ。「そうじゃない言語学者だっている」と反論した言語学者は、「すべての〜」のように解釈したのかもしれない。

また別の可能性として、相談者の「ただの一般論」という意図自体は伝わったものの、その上であえて反論されたということもありうる。たとえ部外者から見れば問題なさそうに見える一般論でも、自分の職業や属性にそういうイメージを持たれると困る当事者としては、「みんながみんなそうじゃない」とか「そうじゃない人もいる」などと言いたくなるかもしれない。

いずれにしても、「○○は××」という形の文の意味は、「すべての○○」とか「たいていの○○」といった「大きな主語」になりがちだ。実のところ、私たちが何かものを言うときに大きな主語を避けるのは、かなり難しい。そもそも、私たち人間のものの見方の特性として、「ごく少ない事例にあてはまることをすぐに一般論や法則性に広げてしまう」というものがあるからだ。

こういった特性自体は、必ずしも悪いものではない。たとえば、何かをして危ない目に遭ったときに「これは危険な行為だ」と認識して二度としないようにするといった「広げ方」は、人間の生存に大きな役割を果たしていると言える。しかし、この「一般論に広げやすい」という特性が偏見を生み出していることは間違いないし、人がそれを不用意に言葉にすることで、憎しみや争いといった不幸が生まれていることも事実だ。とはいえ、「自分の思ったことを言わない」とか「ただ黙り込む」というのも得策ではない。いったい、どうすればいいのだろうか？

私自身もたいした解決策は持っていないのだが、少なくとも「一般論や法則性を語る前に、その根拠となった事例に戻って考えてみる」というのは有効かもしれないと思っている。この相談の例で言えば、相談者自身が、なぜ自分は「言語学者は、実際に誰も言わないような変な文ばかり研究している」という一般論を導き出すに至ったのだろう、と考えるということだ。そこにはおそらく、「とある（／数人の）言語学者が書いたものを読んだら、実際に誰も言わないような変な文が見受けられた」といった「いくつかの事例の観察」があるだろう。もしそういった事例がごく少数であることに気づいたら、もしかすると相談者も「わざわざ声を大にして言うようなことではないな」と思い直すかもしれない。また、口に出すにしても、一般論や法則性の方を言うのではなく、「事例の方を話題にする」という選択ができるかもしれない。実際、「○○はすべて（／たいてい）こうだ」と言うよりも、「こういう○○がいた」とか「こういうことがあった」という事例そのものを話題にする方が、無駄に敵を作るリスクが低くなるし、実のある議論にもつながりやすいだろう（ちなみに、言語学者の研究する現象の中に「誰も言わないような変な文」がしばしば出てくるのは事実だ。この本をここまで読んでくださった皆さんは、すでにその理由を理解してくださっていることと思う）。

また、他人について何か言うとき、その「行為」や「状態」そのものではなく「性質」に言及すると、「一般論に広げすぎ」な発言になりがちだ。たとえば、誰かが靴紐を結ぶのに苦労しているのを見て「あの人は不器用だね」などと言うのは、相手の行動（靴紐を結ぶのに難儀していること）を観察しただけで、相手の一般的な性質（不器用だということ）を決めつけていることになる。自分の発言が「広げすぎ」になっていないかをチェックするには、主語だけでなく、述語にも気をつけた方がいい。

人間である以上、「一般論に広げすぎる」という傾向から逃れることは難しいが、もし「ほんの少し、自分の言葉を振り返ってみる」ことで軋轢を避けられるなら、それをやってみるに越したことはないのではないだろうか。

## 「笑える冗談」と「笑えない冗談」の違い

ユーモアはコミュニケーションの潤滑油だが、ユーモアのあるところを見せようとして悪い結果を招いてしまうことも少なくない。

【相談】私は普段からよく冗談を言い、友人たちもそれを面白がってくれます。しかし先日、友人の一人が「最近、彼氏があまり連絡をしてくれなくなった」と言うので、冗談のつもりで「浮気でもしてるんじゃないの?」と言ったところ、その友人は泣き出してしまいました。友人の彼氏は浮気するような人ではないし、私の言い方だと冗談にしか聞こえなかったはずなのですが、いったい何が悪かったのでしょうか?

とりあえず、相談者の冗談が全然面白くないということは脇に置いておこう。ここでは、冗談のつもりで発した言葉がトラブルに発展するケースについて考えたい。冗談が他人との軋轢を引き起こすパターンにはいくつかあるので、順に見ていこう。

・冗談のつもりだったのに、本気の発言だと受け止められるこれは一番分かりやすく、よくあるパターンだ。過去には、差別的なブラックジョークをSNSに投稿した人が、多くの人々に本気の発言だと受け止められてしまい、大炎上したあげく職まで失ったという事件があった。また、空港の係員に冗談のつもりで「俺はテロリストだ」と言った人が拘束されたケースもある。

冗談においては、話し手の発言の文字どおりの意味と、そこに込められた話し手の意図が大きくかけ離れていることが多い。話し手が文字どおりの意図を持っていないことが聞き手に伝わるには、話し手の人となりや、その発言に至るまでの文脈などが聞き手に理解されていなければならない。また、話し手の表情や音声も重要な手がかりとなる。SNSのように、相手の顔も見えず声も聞こえず、言葉が文脈から切り離されやすく、さらに不特定多数の人々に拡散されやすい状況では、冗談が冗談として受け止められなくなる危険性が高い。

・冗談の内容が相手の不安や不快感をかき立ててしまう

これは、冗談であるということ自体は聞き手に伝わったのに、冗談の内容に問題があるため笑えないというものだ。実は、先の相談の問題点の一つはここにある。

先の相談には、相談者は普段から冗談を言う人で、友人もそれをよく知っているという前提があった。また、言い方や声の調子からも、相談者が冗談で「(あなたの彼氏は)浮気でもしてるんじゃないの?」と言っていることが聞き手に通じているはずだ。しかし、たとえ聞き手が「話し手は冗談のつもりで言っているのだろう」と理解しているとしても、もしその内容が聞き手自身にとって「本当かもしれない」のであれば、その冗談は必ずしも笑えない。つまり、聞き手である友人がほんの少しでも彼氏の浮気を疑っているのであれば、相談者の冗談がその不安をかき立ててしまう可能性がある。

同様に、冗談を言うこと自体には問題のない流れであっても、冗談の内容がショッキング過ぎたり、倫理的に問題があったりする場合には、相手に眉をひそめられることになりかねない。いくら冗談であることが明確であっても、話し手がそういう言葉を口に出していいと思っていること自体は他人に伝わり、「冗談でもそんなことは言うべきではない」と問題視される可能性がある。

・冗談を言っていい状況かどうかの判断を誤っている

先の相談のケースにはこの問題もある。たとえば、もし相談者が「(あなたの彼氏は)浮気でもしてるんじゃないの?」と言うかわりに、「ツチノコでも探しに行ってるんじゃないの?」とか「山にこもって空手の修行をしてるんじゃないの?」と言ったならば、聞き手がそれを「実際にそうかも」と思う可能性は低い(ただし、彼氏がオカルト好きだったり空手家だったりする場合は別だ)。しかしその場合でも、友人は相談者に対して「私が真剣に悩んでいるのに、冗談で返すなんてひどい」とか、「私の悩みなんかどうでもいいと思っている」と思うかもしれない。つまり、「そういう状況で冗談を言うこと」自体が問題になることもあるのだ。

このように考えると、冗談が通じて、なおかつ言った方と聞いた方の両方が笑顔になるのは相当ハードルの高いことであるようだ。今のご時世、誰も不快にならない冗談を言える人がいたら、もっと賞賛されていいのかもしれない。

## 「察してほしい」と忖度

次の相談者のように、空気の読めない人に悩まされたことのある人も多いだろう。

【相談】最近、取引先の担当者が変わりました。前の担当者は以心伝心に長けた人で、私がはっきり言わなくてもこちらの希望をよく汲み取ってくれたので、交渉がとても楽でした。私が取引の条件を気に入っていないときなども、その人は私の顔色からそのことを察してくれて、別の案を出してくれたりしたのです。

しかし、新しい担当者はまったく気が利かない人で、こっちが一から十まで全部口に出さないと分かってくれません。あまりにも面倒なので、皮肉を込めて「あなたは本当に物分かりがいいですね」と言ったところ、「ありがとうございます」と本気にしてしまいました。その上、その人はおしゃべり好きで、時間を気にせず余計なことばかりしゃべります。この前も話が長くなりそうだったので、時間を気にしろと言うつもりで「いい時計してますね」と言ってみたら、「分かります？　実はこの時計、○○社の△△で……」と、さらに話が長くなりました。私が不機嫌な顔をしても、ほとんど気に留めません。本当に困るのですが、どうしたらいいでしょうか？

この相談の「いい時計してますね」の部分は、ネットで話題になっていた記事[26]から拝借した。その記事の主な内容は、ある人が京都の人から言われた「いい時計してはりますなぁ」という言葉の真意が「お前の話は長い（＝時計を見ろ）」ということだったかもしれない、というものだ。京都の人が言う「ぶぶ漬けでもどうどす？（＝お茶漬けでもいかがですか？）」が「食事の時間だから帰れ」の意味だというのは事実ではないとする説もある[27]が、こういう話題が出てくるのを見ると、京都の人々のコミュニケーション（に対する部外者の幻想）の奥深さを感じてしまう。

空気を読んだり他人の気持ちを汲み取ったりするのは、円滑なコミュニケーションのために重要だ。しかしこの相談のように、相手にそれをさせようとしてもなかなかうまくいかないことがある。相談者は皮肉のつもりで相手に「あなたは本当に物分かりがいいですね」と言ったり、時間を気にしろというつもりで「いい時計してますね」と言ったりしたが、相手にはそれらの発言に込められた「言外の意味」が伝わらなかった。相談者は相手の鈍感さと常識のなさを嘆いているが、相談者の発言を眺めてみると、その真意を汲み取るのはかなり難しそうだ。なぜかというと、聞き手が「これは文字通りに受け取ってはいけない言葉だ」と理解するための手がかりがほとんどないからである。

以下に、聞き手が言外の意味に気づくための手がかりの一部をまとめておこう。

（a）話し手の発言が、文脈や常識から考えて、聞き手に「なぜ話し手はあえてこう言ったのか」と疑問を抱かせるようなものである。

（b）話し手と聞き手の間、あるいは話し手と聞き手を含むコミュニティの内部で、「こういう言葉を口にしたら、それはこういう意図を表す」という取り決めが成り立っている。

（c）話し手の発言内容と、話し手の様子（表情、身振りなど）に一貫性がない。

（a）は、いわゆる皮肉などが伝わるための手がかりだ。相談者が言った「あなたは本当に物分かりがいいですね」は皮肉であり、字面とは正反対の「あなたは物分かりが悪い」という意図が込められている。しかし、相手がそのことに気づくには、そもそも相手が「なぜこの人は、あえてこう言ったのだろう」という疑問を抱かなくてはならない。もし「自分は物分かりが悪い」という自覚がある人であれば、「物分かりがいいですね」と言われて「本当だろうか？　これは皮肉じゃないか？」と思うかもしれないが、自分が他人から「物分かりがいい」と褒められることを不自然に感じない人には、これが皮肉であることが通じないだろう。

（b）は、いわゆる合言葉的なやりとりが成り立つための手がかりだ。先述したように「いい時計してはりますなぁ」とか「ぶぶ漬けでもどうどす？」などの例は都市伝説かもしれないが、もしこういうコミュニケーションが京都で実際に行われているのであれば、それはどちらかというと「コミュニティ内での合言葉」に近いかもしれない。どの文化圏にも「こういうことを言われたら、それの本当の意味はこうだ」という取り決めがあるが、そういったものはその文化圏の外の人にはほとんど通じない。

ちなみに、「いい時計してますね」については、「相手が時計を見る　↓今何時かを知る　↓長く話していたことに気づく　↓話をやめる」という「出来事の連鎖」を引き起こすことを期待したもの、という見方もできる。しかしこの場合、「いい時計してますね」の後に相手が期待どおりに行動するかどうかは相手次第であり、確かなものではない。

（c）の例としては、全然美味しくなさそうに顔をしかめて「美味しい」と言ったり、サスペンスドラマなんかでよくあるように、敵に背後から脅されている人がそれを知らない仲間に「ここに敵はいないよ」と言いながら、視線を背後に動かして見せたりすることなどが挙げられる。こういう場合、言葉は単なる添え物に過ぎず、何かを伝えようとするのは表情や体の動きの方だ。しかし、表情や体の動きは言葉以上に曖昧であり、正確に意図を伝えるのは難しい。

以上のように、言外の意味が通じるには何らかの手がかりが必要となる。私たちの日常にははっきりとものを言いたくない状況が多々あるので、言外の意味が通じたり、顔色なんかで気持ちを察してもらえたりすれば非常に楽だ。よって、相手の真意が汲み取れることや、空気が読めることは一般に良いこととされているが、場合によってはそれが弊害になることもある。言外の意味というのは一般に、話し手が「自分はそう言った」という責任を負わなくてもいい内容だ。なぜなら、それは「含意される内容」ではないため、後で取り消すことができるからだ。聞き手の側からすれば、相手の気持ちを汲み取って何かをした後で、相手から「そんなことは言っていない。お前が勝手にそう解釈しただけだ」とハシゴを外されることだってある。

「はっきり言わなくても、相手は自分の真意を察してくれるはず（また、そうあるべきだ）」という姿勢が、多くの人の生命に関わる決定を下す際にマイナスに働いた例もある。戸部良一（他）による『失敗の本質』（中公文庫）には、第二次世界大戦中に多大な犠牲を出したインパール作戦において、軍内部の融和と調和を重んじるあまりに明確な意思決定がなされず、事態が悪い方向へと進展していった経緯がくわしく書かれている。以下にその一部を引用しよう。これは、厳しい戦況が認識されてからしばらく経ち、作戦の責任者であった二人の司令官（牟田口第十五軍司令官と河辺方面軍司令官）が面会した時の様子である。

六月上旬、河辺は第一五軍の戦闘司令所に牟田口を訪れた。すでに作戦中止は不可避であった。にもかかわらず、両者とも「中止」を口には出さなかった。牟田口によれば、「私の顔色で察してもらいたかった」といい、河辺も牟田口が口に出さない以上、中止の命令を下さなかった。実情を知らぬ大本営や南方軍からは、督戦や激励の電報が相次ぐばかりであった。

（出典：戸部良一、寺本義也、鎌田伸一、杉之尾孝生、村井友秀、野中郁次郎『失敗の本質――日本軍の組織論的研究』中公文庫、p．173）

この一節に表されているように、作戦の失敗が認識されても長いこと「中止」の決定が下されず、結果として作戦による犠牲は膨れ上がってしまった。多くの人命のかかった決断の場でもなお「顔色で察する」ことが期待されていたというのは、実に恐ろしいことだ。同作戦については、立案から作戦実行までの経緯でも同じような「忖度の弊害」が数多く見られるので、興味のある人は同書を読まれることをお勧めする。

このように、忖度すること・されることに依存したコミュニケーションにはそれなりのリスクが伴うことを、心に留めておいた方がいいだろう。

## 自分の言葉遣いに自信がない人は

ここで、いわゆる「言葉遣い」への向き合い方について考えてみよう。次の相談者のような悩みを持った人はかなり多いのではないだろうか。

【相談】昔からよく、「あなたの日本語はおかしい」と言われてきました。この前も、「当日は多くの方がお集まりいただきました」と言ったら、それは変だと言われました。変だと言われ続けてきたせいか、話すときも文章を書くときも、本当にこれでいいのか自信がありません。どうしたらいいですか？

私自身も他人から「日本語がおかしい」と言われた経験があるが、これはかなり漠然とした指摘だ。この本でも見てきたように、おかしな言葉の「おかしさ」にはさまざまな要因がある。単に「日本語がおかしい」と言っても、内容が意味不明なのか、文脈から考えて変なのか、文法的に不自然なのか、あるいはその全部なのか分からない。おかしな文を口にするに至った原因も、「言いたい内容がはっきりしていないから」だとか「注意力が足りないから」などという、言葉以前の問題である可能性もある。もし改善をしたいなら、「日本語がおかしい」と指摘してきた人に対して、何がどうおかしいのかをよく聞いてみた方がいいかもしれない。

個人的な経験から言えば、「日本語がおかしい」というのは、実質的に「あなたの言葉の使い方は、大多数の他人のそれと違いますよ」という指摘である場合が多い気がする。相談者が例に挙げている「多くの方がお集まりいただきました」というのも、「お集まりいただき」という表現と「が」という助詞の組み合わせが問題になる例だ。これを「多くの方にお集まりいただきました」に修正したくなった方も多いだろう。

「多くの方が集まる」という文に見られるように、集まるという行為の主体は通常「〜が」で表されるが、ここでは「集まる」という動詞に「いただく」が付いている。「お集まりいただく」は、「集まってもらう」を謙譲語にしたものだ。「集まる」と「集まってもらう」では、集まる主体を表す助詞が次のように変わる。

多くの人が集まる
↓

多くの人に集まってもらう　（→多くの方にお集まりいただく）

よって、「お集まりいただく」も、集まる主体には基本的に「に」が付くことになる。

他方、もしこれが「お集まりくださり」だったら、集まる主体には「が」が付くことになる。「くださる」は「くれる」の尊敬語であり、「集まる」も「集まってくれる」も集まる主体には「が」が付くからだ。

多くの人が集まる

↓

多くの人が集まってくれる　（→多くの方がお集まりくださる）

「多くの方がお集まりいただき」という表現の仕方はたまに見かけるが、おそらく「多くの方がお集まりくださり」と言おうとしたところを、うっかり「いただき」と言い換えてしまったために起こっているのではないかと思う。

こういったうっかりミスや、表現の意味や用法に関する勘違いは誰にでも起こることだ。私自身、学生時代に「○○に言及する」と言うところを「○○を言及する」と言い続けていた時期がある。世の中には膨大な数の表現があるし、新しい単語や言い回しは毎日のように生まれてくる。そういったことを考えると、ありとあらゆる表現の使い方が他人とぴったり一致しないのは当然で、むしろ、かなりの数の表現について他人と了解が取れているのは奇跡的であるように思える。言葉は自然現象であるがゆえに、時代によって変わっていくものだし、語彙の知識や言語感覚に個人差があるのも普通のことだ。

とはいえ、日本語がおかしいと言われた時に「これが私の日本語だから」と開き直っていいわけではない。当たり前のことだが、言葉の使い方や理解の仕方が他人とある程度一致していなければ、円滑なコミュニケーションができなくなってしまう。言語というものの難しいところは、その知識が個人的なものであると同時に、公共的なものでもあるという点にある。他人に「日本語がおかしい」と言われた場合、必ずしも自分の母語話者としての感覚を全面的に否定する必要はないと思うが、もし大多数の他人の言葉の使い方と自分のそれが著しくずれている場合は、そのずれを少なくしていく努力は必要になるだろう。

そんなとき、もし問題が語彙についてのものであれば、辞書に頼るのが一番だ。辞書は「今の時代の大多数の日本語話者は、こういう語をこういうふうに使っていますよ」という情報を集めてくれている有難い書物なので、少しでも不安であれば参照するのが望ましい。

もし、単語よりも長い言い回しとか、助詞の使い方などについて不安がある場合は、できるだけ多くの人に意見を聞いてみるのが参考になる。言葉の問題というのは、他人の目を通さないと見えてこないことが多いからだ。

また別の手として「検索してみる」という方法もある。私は自分の使おうとしている言い回しに自信がないとき、国立国語研究所の提供する『現代日本語書き言葉均衡コーパス』の検索サービス「少納言」(https://shonagon.ninjal.ac.jp/)で検索することがある。このコーパスでは用例の出典も明記されているので、どんな言い回しがどんなところで使われているかが分かりやすい。ちなみに、「少納言」で「にお集まりいただき」を検索したところ4件ヒットしたが、「がお集まりいただき」は0件だった。普通の検索エンジンを使うという手もあるが、妙な例も多数ひっかかるので注意が必要だ。

## 「言葉の乱れ」問題

最後に、さっきとは逆の立場――他人の言葉遣いの「おかしさ」を指摘する側に立って考えてみよう。

【相談】最近、人から「どんなお仕事をやられてるんですか?」と尋ねられました。これ、日本語として間違っていますよね? 他にも「ら抜き言葉」など、乱れた日本語を耳にするたびにイライラします。言語学者の役割は、こういう間違った日本語を正すことではないんですか?

この手の質問に対して理論言語学者がどう答えるか、読者の皆さんにはもう想像がつくだろう。「きっとまた、『言葉は自然現象だから、むやみに正しいとか間違っているとかは言えない』とか、『言語感覚に個人差があるのは当たり前』とか言うんでしょ?」と思っていらっしゃる方も少なくないはずだ。実際、そのとおりだ。私自身、「やられる」のような敬語には強い違和感を覚え、「何で『なさる』とか『される』って言わないんだろう」とか、「『殺《や》られる』みたいで物騒だな」などと思うのだが、こういった「新しい言い回し」はいくらでも出てくるし、私が「変だから使うな」と声高に叫んだところで、淘汰されるものは淘汰され、定着するものは定着する。もしかしたら私も、近い将来に平気で「やられる」と言うようになるかもしれない。

実際、私たちが今「正しい」と思って使っている表現の中にも、かつては「そんな言い方はおかしい」と言われていたものがたくさんある。たとえば、今ではパソコンを起動することを「パソコンを立ち上げる」と表現するのは普通のことだが、二十年ほど前には「こんな奇妙な言い方が流行っているのはけしからん」と言う人もいた。また、「とても可愛い」「とても腹が立った」のような表現は現在では普通に使われているが、かつては「とても太刀打ちできない」「とてもそんな気になれない」のように、否定と一緒に使われる用法しかなかったという。窪薗晴夫『通じない日本語』（平凡社新書）には、柳田國男が「とても寒い」という表現を聞いて驚いた、という話が紹介されている。また同書によれば、「全然」は本来、その字のごとく「まったくそのとおりである」という意味であり、必ずしも否定とともに現れるものではなかったという。つまり「全然オッケー」とか「全然大丈夫」のような「全然＋肯定表現」も、今に始まったものではないのである。

ちなみに言語学においては、言葉の変化は興味深い研究対象だ。たとえ「言葉の乱れ」にしか見えないような変化であっても、よくよく観察すれば「それなりに理にかなった変化」であることが少なくないからだ。

たとえば、言葉の乱れとしてよく槍玉に挙げられる「ら抜き言葉」[28]も、「見られる」「食べられる」のような本来の形が「可能」か「尊敬」か「受け身」か「自発」かで曖昧なのに対し、「見れる」「食べれる」なら「可能」であることがはっきりするという利点がある。

また、「見られる」→「見れる」、「食べられる」→「食べれる」という変化が起こった原因についても、「これらの動詞が、他の多くの動詞と同じ変化をするようになったため」とする説がある[29]。いわゆる「ら抜き」が見られる動詞は、「見る」などの上一段活用動詞や、「食べる」などの下一段活用動詞だが[30]、これらが「可能を表す形」になるときには通常「-areru」という助動詞が付く。他方、「書く」「走る」などの五段活用動詞は、「-eru」が付いて「書ける」「走れる」といった形になる。

- 上一段活用の動詞：「見る（mir-u）」→「見られる（mir-areru）」
- 下一段活用の動詞：「食べる（taber-u）」→「食べられる（taber-areru）」
- 五段活用の動詞：「書く（kak-u）」→「書ける（kak-eru）」
  「走る（hasir-u）」→「走れる（hasir-eru）」

実は、五段活用動詞の変化の仕方を「見る」「食べる」等の動詞にも広げると、「ら抜き言葉」と同じ形が出てくるのだ。

（上一段・下一段活用の動詞の変化の仕方が、五段活用の動詞と同じになった場合）
•上一段活用の動詞：「見る（mir-u）」→「見れる（mir-eru）」
•下一段活用の動詞：「食べる（taber-u）」→「食べれる（taber-eru）」

このことから、「ら抜き」はこういった「特殊な形を減らし、活用を簡略化していくタイプの言語変化」なのではないかと考えられている。

こんなふうに、言葉の変化の中にはそれなりの理由があって起こっていると考えられる例が少なくない。おそらく先の相談に出てきた「やられる」という尊敬語も、流行っているのには何か理由があるのだろう。勝手な想像だが、「なさる」とかでは表しづらいような、カジュアルな尊敬を表すのに便利なのかもしれない。

さて、ここで考えたいのは、こういった観点を踏まえた上で、他人の言葉に対して覚える違和感にどう対処するかということだ。

他人の言葉を吟味するときに第一の拠り所となるのは、日本語の話者としての自分の感覚である。ただし、言語感覚に個人差があること、また言葉がつねに変化していくものであることを考慮すれば、自分の感覚を「絶対に正しいもの」として他人に押し付けるのではなく、あくまで「自分はこのように感じる」という形で表明する方が得策だろう。言葉の自然さの判断については言語学者の間でも意見が分かれるぐらいなので、簡単に「どっちが良くて、どっちが悪い」と答えが出るような問題ではない。他人の言葉に違和感を覚えた場合は、「それは変だから修正しろ」と命令するのではなく、「自分はこっちの表現の方がいいと思う」といった「提案」をして、採用するかどうかはその人の責任で決めてもらうのが良いのではないだろうか。

## おわりに：科学的に言葉を眺める

以上、この本では、理論言語学の中から多くの人々の日常に関係がありそうな部分を抜き出してご紹介してきた。原則として皆さんに「理論言語学のつまみ食い」をしていただき、ご自身の「ことばの基礎力」を上げるきっかけにしていただくつもりで書いてきたが、そんな中でも多少は理論言語学がどのような学問であり、どのように言葉を眺めているかをお伝えできたのではないかと思う。とくに、理論言語学が言葉を自然現象として眺めていること、研究対象が私たちの無意識の言語知識であること、またそういった無意識の知識を眺めるためにさまざまな「テスト」を使うことなどにはたびたび言及してきた。

本書のしめくくりに、これまであまり明確に述べてこなかった理論言語学の特徴について少しだけ述べておきたい。それは、理論言語学が「言語を科学的に研究する分野」だということだ。

多くの方々にとって、科学と聞いて真っ先に思い浮かぶイメージは、物理学や化学や生物学など、小中高の理科の先にある実験系の自然科学だろう。そういう「科学」と「言語」とは、なかなか結びつきにくいかもしれない。しかし、どの自然科学も、その目的は「自然現象を科学的に説明すること」であり、それはすなわち「現象の背後にある仕組み（メカニズム）を明確にし、起こりうる現象を予測すること」である。理論言語学も、自然現象としての言語の背後にある仕組みを明確にし、私たちがどういうときに「この文は自然だけど、この文は不自然だなあ」とか「この文にはこういう解釈があるけど、こういう解釈はないなあ」と判断するのかを予測しようとする営みである。

また、自然科学の研究は一般に次のように進んでいくが、理論言語学の進み方もこれと同じである。

（1）現象を観察する
↓
（2）個別の現象の観察から、法則性を見出す（一般化）
↓
（3）法則性を説明できるような理論を作る
↓
（4）理論から予測を出す
↓
（5）実験によって、理論の予測が現実と合っているか検証する
↓
（6）間違っていたら（3）に戻る（以下、繰り返し）

理論言語学も右の手順に則って、形の上での自然さを司る「文法」や、解釈を司る「意味理解」、また子供の「言語習得」などのメカニズムを解明しようとする。この本では右のうち、主に（1）の「現象を観察する」という部分と（2）の「法則性を見出す」という部分を解説してきたことになる。

（3）から（6）の部分についてはあまり触れられなかったが、簡単に説明しておこう。ここで言う「理論」というのは、大ざっぱに言えば、私たちの頭の中にある「言葉を司るメカニズムのモデル」のことだ。こういう言い方をすると、脳の模型のようなものをイメージされるかもしれないが、実際はより抽象的な「計算の仕組み」である。理論言語学では、「ある文が形の上で自然かどうか」「ある文にこういう意味があるか」などに関する私たちの判断が、ある種の計算に基づいていると考える。ある意味、コンピュータのプログラムのようなものだとイメージしていただいてもいい。

理論言語学者は「私たちの頭の中ではこういう計算が働いているのではないか」という仮説を立て、理論を作り、それが生み出す予測が正しいかどうかを実験によって確かめる。ここで言う「実験」は、多くの場合、私たちの頭の中を探ることによって行われる。たとえば「この理論が正しいとすると、この文は不自然だと感じられるはずだが、実際はどうだろうか」とか、「理論が正しければ、この文にはこういう解釈があるはずだが、本当にそんな解釈はできるだろうか」などといったことを頭の中で検証するのだ。そして理論の予測が間違っている場合は、理論を修正したり、土台から作り直したりすることになる。この辺りの過程について興味のある方は、ぜひ関連の書籍をお読みいただきたい。

もっとも、科学的なものの見方というのは、現象に対するアプローチの一つに過ぎない。言葉という現象は豊かで、科学的に眺めることのできる側面はほんの一部だ。また、私たちの日常はきわめて複雑であり、理論言語学がスッパリ解決できるようなことは多くない。しかし理論言語学の知見には、「言いたいことがうまく言えない」とか「思うように伝わらない」、「相手の意図が分からない」などといった漠然とした問題に対して、見通しをクリアにするヒントが多数隠されている。また、無意識の知識を眺め、言葉を構造的に捉え、確実に言えていることと言えていないことを区別することに慣れれば、言葉についての感覚は確実に鋭くなるはずだ。

この本で紹介できた事例はごく一部だが、人と話をするとき、メールやSNSなどを介して人とやりとりするとき、文章を書くときなどに役立てていただければ嬉しい。この本の内容が少しでも、読んでくださった皆さんにとって「ふだん使いできるもの」として残れば幸いである。

# あとがき

正直に言えば、この本を書くのには非常に苦労した。一番の原因は、私の中で、言語学をテーマにして文章を書くことに対する心理的な抵抗が大きかったことだ。これまでにも言語学関連の文章を書いたことはあったが、自分の人生の中で一番時間と労力をかけて学んだ理論言語学に真正面から向き合い、人様にお見せできるものを書くという作業をしたのは、おそらく今回が初めてだ。裏を返せば、今までずっとその作業を避け続けてきたとも言える。

まえがきにも書いたが、私はまともな言語学者のキャリアパスからは外れた人間だ。博士課程の途中から情報科学の分野に移り、ここ十数年は理論言語学から距離を置いている。別の分野に移ったのにはさまざまな事情があったが、主な動機の一つとして「自分は言語学ではやっていけない」という思いがあった。私にとって、言語学、中でも理論言語学は非常に難しく、居るのが辛い分野だった。もともと言語学の道に入ったのは自分の希望だったが、時間が経つにつれて「言語学は、頭の強い人たちが人生を賭けないとやっていけない分野だ」ということを実感するようになった。そして私自身は頭が強くなく、人生を賭ける覚悟もなかった。

この本でどれほどお伝えできたか分からないが、理論言語学はけっして土台がしっかりした学問ではない。研究者たちは今も、流砂のごとき心もとない足場の上で、道無き道を切り開きながら進んでいる。そもそも、言語などというよく分からないものを科学的に研究しようというのだ。研究対象はどうやって決めるのか、言語の理論とはどうあるべきなのか、実験はどうするのか、本当にこれは科学と呼べるのか——そういったことをつねに考えながら、作っては壊し、作っては壊すことを繰り返す。分野の先導役のような研究者はいるが、だからといって、理論言語学全体で「あるべき研究の姿」が一致しているわけでもない。同じ理論言語学の研究者でも、研究についての考えが共有できないことが普通にある。理論言語学の内部ですらそうなのだから、外の人たちに自分たちの仕事を分かってもらおうとするのがどれほど大変なことか、想像していただけるだろうか？　私はその重荷を背負う覚悟を持つことができず、たびたび「なぜ私は、もっと土台のしっかりした、研究のやりやすい分野を選ばなかったのだろう」と後悔した。分野を離れてからもしばらくは、言語学の話を聞くことも、論文を読むことも頭が拒否していた。完全にトラウマになっていたのだと思う。

かなりの時間が経ってから、徐々に自分が理論言語学から多大な恩恵を受けていたことに気がつき始めた。論文や解説書、物語を含め、長い文章を書けるようになったのは間違いなく言語学のおかげだし、以前に比べて多少なりとも頭の中を整理できるようになったのは、土台がフワフワした分野の中で、根本的なことを考え続ける賢い人たちに囲まれてきたおかげだ。もし、方法論が明確で、世間からも理解されやすい分野に最初からいたとしたら、こういった面は鍛えられなかったかもしれない。

また、言語学の外に出たら出たで、言語学がどんな学問かがほとんど理解されておらず、ときにはひどい誤解を受けていることも実感するようになった。言語学が価値のある学問であることは間違いないが、もし世間の大多数の人々に価値がないと思われてしまったら、分野の存在は危うくなってしまう。現に、人文系の学問に対する風当たりはここ数年、強くなっている。そんな中、どうにかして言語学に対して自分なりの恩返しができないかと考えるようになった。その一環として書いたのがこの本だが、その目的が少しでも達成できていれば嬉しい。言語学の専門家の中には「こんな本ではダメだ」と思う方もいらっしゃるだろうが、どんな形であれ本書が、言語学に対する世間の理解が深まるきっかけになれば本望だ。

新潮選書の執筆のお話をくださったのは、当時選書の編集部にいらっしゃった米谷一志さんだった。私が東京大学出版会のPR誌『UP』で連載している文章を米谷さんが面白がってくださり、「言語学のいいとこ取りを提供する」という企画にGoサインを出してくださったおかげで、言語学に向き合う勇気が湧いた。

米谷さんの異動に伴い担当を引き継いでくださった亀﨑美穂さんには、非常に苦労をおかけしてしまった。主な理由は、私の中にある「専門外の人にも、これぐらい伝わるだろう」「専門外の人にも、こういうことが役に立つだろう」という思い込みが、現実とかなりかけ離れていたことだ。今回改めて思ったのは、専門分野というのは多少なりとも一つの文化を形成していて、その中で長く過ごすと、そこでしか通じないことをいつのまにか「当たり前」と思い込んでしまうということだ。本書の初期のバージョンは完全にその罠に嵌まり込んでしまっていたが、亀﨑さんによる数々の助言のおかげで、そのあたりのギャップはかなり解消できたと思う。「ふだん使い」という魅力的なコンセプトと、それを本の中に反映させるためのさまざまなアイデアも、亀﨑さんのご提案をきっかけに生まれたものだ。心より感謝を申し上げたい。

また、本書の専門的な内容に関しては、第一稿の段階で匿名の査読者の先生にご校閲いただいた。貴重なお時間を割いていただいたことに御礼を申し上げる。なお、本書に含まれる誤りや理解不足はすべて筆者の責任である。

最後に、出来が悪い上に礼儀を知らない学生だった私に根気よく教えてくださった諸先生方、共に学び、助けてくださった先輩方、同期の方々、後輩の方々に、この場を借りて感謝を申し上げたい。今の私が曲がりなりにも「言葉を使う仕事」を続けていられるのは、他ならぬ皆様のおかげである。

# 註

1　言語学の入門には、以下の本がお勧めである。
上山あゆみ（1991）『はじめての人の言語学――ことばの世界へ』、くろしお出版。

2　その他、否定の「じゃない」は標準語のくだけた口調では「じゃねえ」に言い換えることができ、事実確認の「じゃない」は「じゃん」に言い換えることができるという違いがある。ただし方言差もあるので注意。

3　名詞句には、名詞に修飾語が付いたものだけでなく、「太郎と花子」のようなものも含まれる。

4　一般名詞は「普通名詞」と呼ばれることもあるが、以下では一般名詞で統一する。

5　言語学においては、「含意」という用語は、「文からある内容が演繹的推論によって導かれること（entailment）」を表す場合と、「話し手が示唆している内容（implicature）」を表す場合がある。本書では、「含意」という用語を前者に限定して使用し、後者については「含み」という用語を採用する。含みの一種である「会話的含み」についてはp．46を参照のこと。

6　ちなみにこの「背景的な意味」という用語は私が便宜上考えたもので、言語学の用語ではない。ここでいう「背景的な意味」の中には、言語学で「前提（presupposition）」と呼ばれるものと、「慣習的含み（conventional implicature）」と呼ばれるものの両方を含めているが、これらの違いを説明するのは紙幅の関係で省略する。

7　ガジェット通信「意味不明な文章で1番面白かった奴が優勝」（apo mekhanes theos, 2011年3月31日）、https://getnews.jp/archives/107678

8　品詞をどのように分類し、それぞれの分類をどのように特徴付けるべきかについてはさまざまな立場がある（たとえば日本語学や日本語教育では、形容詞と形容動詞はどちらも「形容詞」であり、語尾によって前者を「イ形容詞」、後者を「ナ形容詞」とする分類が使われることがある）。また、人間にとって分かりやすい教育的な文法を目指すか、日本語の文法現象を網羅的に記述する文法を目指すか、あるいは科学的な文法理論を目指すかといった「文法の目的」によっても分類が変わってくる。ここでは読者にとって馴染みがあり、本書を読み進めていただくのに有用だという考えに基づいて、国語辞典などで多く採用されていると思われるこの分類を提示している。ただし、必ずしも筆者自身が「この分類でなければならない」と主張しているわけではない。

9　より正確には、「ろくに」の後には「ない」以外にも、「ず」「ぬ」「まい」のような否定表現が現れることが可能である。（例：「ろくに仕事もせず」「ろくに分からぬまま」「ろくに分かるまい」）

10　くわしくは、以下の文献などを参照のこと。
久野暲（1973）『日本文法研究』、大修館書店。

11　ただし、「は」には「対比の用法」もあり、これは従属節の中にも現れることができる。以下は、連体節の中に「は」が現れる例である。
例：花子はデパ地下で、[日本では手に入らない]ワインを買った。

12　ただし関係節の中にも、修飾先の名詞に対応する空所がないものもある。たとえば「自分が命がけで取り組んだ仕事がうまくいかなかった人」や「太郎がその人に会うことだけを生きがいにしている人」などといった例では、名詞「人」に対応するのは「自分」「その人」であり、空所はない。

13　もちろんこの文は、「あの人」が山田と話をするという解釈では何の問題もない。問題は、この文が元の文の「あの人は山田という」と同じ解釈を持てない点にある。

14　（2）の「富士山の高さ」のような名詞句は、変項名詞句と呼ばれている。くわしくは、以下の文献を参照のこと。

西山佑司（2003）『日本語名詞句の意味論と語用論—指示的名詞句と非指示的名詞句—』、ひつじ書房。

15　くわしくは、以下の論文を参照のこと。

川添愛、齊藤学、片岡喜代子、崔栄殊、戸次大介（2010）「言語情報の確実性アノテーションのための様相表現の分類」、『九州大学言語学論集』（31）、109-129。

16　くわしくは、以下の文献などを参照のこと。

久野暲『日本文法研究』（前掲書）。

17　くわしくは、以下の文献を参照のこと。

西山佑司『日本語名詞句の意味論と語用論—指示的名詞句と非指示的名詞句—』（前掲書）。

18　ただし、「ナントカして、カントカした」のような場合、ナントカとカントカを入れ替えることで「時間的な前後関係」が逆になり、結果的に「意味が変わる」ということはあり得る。しかし、時間的な前後関係が変わることは、何が等位接続されているかを見極める上では無視してかまわない。

19　ただし、「太郎と花子」のような等位接続を含む句では、中心となるものが何であるかはっきりしない。言語学においても、「太郎」あるいは「花子」を中心とみなす考え方や、「と」を中心とみなす考え方がある。

20　専門用語では「主要部（head）」と呼ばれる。

21　文や節の中心をなすものを何であるとみなすかについては理論によって変わる。ここでは説明を簡単にするために文および節の中心を述語としたが、「時制や否定を表す助動詞」とみなす考え方などもある。くわしくは、北川善久、上山あゆみ（2004）『生成文法の考え方』（研究社）などを参照のこと。

22　日本語の方言差や世代差については、次の本がわかりやすい。窪薗晴夫（2017）『通じない日本語　世代差・地域差からみる言葉の不思議』、平凡社新書。

23　今のところ日本語による分かりやすい解説はないが、興味のある方のために以下の文献を挙げておく。Hoji, Hajime (2016) Language Faculty Science, Cambridge University Press.

24　岡本佐智子、斎藤シゲミ（2004）「日本語副詞『ちょっと』における多義性と機能」、『北海道文教大学論集』（5）、65-76。

25　ちなみにこれは、本書で言う「背景的な意味」であるかどうか不明である。たとえば、「私は言語学者だから、正しい言葉遣いをしなければならないの？」のように疑問文にすると、「言語学者ならば（誰しも）、正しい言葉遣いをしなければならない」という信念は消えてしまう。とはいえ、気をつけるべき表現であることは確かだ。

26　参考：Jタウンネット「『良い時計してはりますなぁ』→京都弁で『話が長い』の意味って本当？　専門家に聞いてみた」、2019年8月27日。https://j-town.net/tokyo/column/gotochicolumn/293520.html

27　参考：J-CASTニュース「『ぶぶ漬けでも』言われたことありますか　京都で聞きまくったら全員同じ答えに」、2019年9月24日。https://www.j-cast.com/trend/2019/09/24368287.html

28　くわしくは、以下の論文などを参照のこと。

張麗（2009）「話し言葉の表現としてのラ抜き言葉に関する研究概観」、『コーパスに基づく言語学教育研究報告』No. 1、173-189。

29　くわしくは、以下の書籍の第一章を参照のこと。井上史雄（1998）『日本語ウォッチング』、岩波新書。

30　「ら抜き」が起こる動詞には、これ以外にもカ行変格活用の動詞「来る」がある。

# 参考文献一覧

［1］井上史雄（1998）『日本語ウォッチング』、岩波新書。

［2］上山あゆみ（1991）『はじめての人の言語学――ことばの世界へ』、くろしお出版。

［3］岡本佐智子、斎藤シゲミ（2004）「日本語副詞『ちょっと』における多義性と機能」、『北海道文教大学論集』（5）、65-76。

［4］川添愛、齊藤学、片岡喜代子、崔栄殊、戸次大介（2010）「言語情報の確実性アノテーションのための様相表現の分類」、『九州大学言語学論集』（31）、109-129。

［5］北川善久、上山あゆみ（2004）『生成文法の考え方』、研究社。

［6］久野暲（1973）『日本文法研究』、大修館書店。

［7］久野暲（1978）『談話の文法』、大修館書店。

［8］窪薗晴夫（2017）『通じない日本語　世代差・地域差からみる言葉の不思議』、平凡社新書。

［9］柴谷方良（1978）『日本語の分析―生成文法の方法―』、大修館書店。

［10］柴谷方良、影山太郎、田守育啓（1982）『言語の構造　意味・統語篇――理論と分析』、くろしお出版。

［11］田窪行則（2001）「現代日本語における2種のモーダル助動詞類について」、『梅田博之教授古

稀記念韓日語文学論叢』1003-1025、ソウル：太学社。
[12] 張麗（2009）「話し言葉の表現としてのラ抜き言葉に関する研究概観」、『コーパスに基づく言語学教育研究報告』No. 1、173-189。
[13] 戸部良一、寺本義也、鎌田伸一、杉之尾孝生、村井友秀、野中郁次郎（1991）『失敗の本質 日本軍の組織論的研究』、中公文庫。
[14] 西山佑司（2003）『日本語名詞句の意味論と語用論―指示的名詞句と非指示的名詞句―』、ひつじ書房。
[15] 福井直樹（2012）『新・自然科学としての言語学 生成文法とは何か』、ちくま学芸文庫。
[16] 傍士元（著）、上山あゆみ・田窪行則（編）（2013）『言語科学をめざして――Issues on anaphora in Japanese』、大隅書店。
[17] 益岡隆志、仁田義雄、郡司隆男、金水敏（1997）『岩波講座 言語の科学5 文法』、岩波書店。
[18] 益岡隆志、田窪行則（1992）『基礎日本語文法―改訂版―』、くろしお出版。
[19] 三木那由他（2019）『話し手の意味の心理性と公共性 コミュニケーションの哲学へ』、勁草書房。
[20] 米原万里（2005）『必笑小咄のテクニック』、集英社新書。
[21] Grice, H. P.（1975）'Logic and Conversation,' in P. Cole & J. L. Morgan（eds.）Syntax and Semantics 3: Speech Acts, 41-58, Academic Press, New York.
[22] Hasegawa, Nobuko（1984-5）'On the so-called "Zero Pronouns" in Japanese.' The Linguistic Review 4, 289-341.

[23] Hoji, Hajime (2016) Language Faculty Science, Cambridge University Press.
[24] Kuno, Susumu (1973) The Structure of the Japanese Language, MIT Press, Cambridge.

新潮選書

ふだん使《づか》いの言語学《げんごがく》——「ことばの基礎力《きそりょく》」を鍛《きた》えるヒント

著　者…………………川添《かわぞえ》　愛《あい》

発　行…………………2021 年 1 月 25 日
4　刷…………………2024 年 5 月 15 日

発行者…………………佐藤隆信
発行所…………………株式会社新潮社
〒162-8711 東京都新宿区矢来町 71
電話　編集部 03-3266-5611
読者係 03-3266-5111
https://www.shinchosha.co.jp
印刷所…………………株式会社三秀舎
製本所…………………株式会社大進堂

乱丁・落丁本は、ご面倒ですが小社読者係宛お送り下さい。送料小社負担にてお取替えいたします。価格はカバーに表示してあります。

ISBN978-4-10-603862-4 C0380